Dados Internacionais de Catalogação na Publicação (CIP)
(Jeane Passos de Souza – CRB 8ª/6189)

Freund, Francisco Tommy
    Festas e recepções: gastronomia, organização e cerimonial /
Francisco Tommy Freund. – São Paulo : Editora Senac São Paulo, 2021.

    Bibliografia.
    ISBN 978-65-5536-652-5 (impresso/2021)
    e-ISBN 978-85-396-2238-2 (ePub/2021)
    e-ISBN 978-85-396-2061-6 (PDF/2021)

    1. Produção de eventos 2. Organização de eventos 3. Even-
tos 4. Cerimonial 5. Cardápio : Eventos 1. Título.

21-1280t   CDD-658.456
                                       BISAC BUS007010

Índice para catálogo sistemático:
    1. Produção de eventos : Cerimonial   658.456

Francisco Tommy Freund

FESTAS & RECEPÇÕES

Gastronomia,

organização

e cerimonial

EDITORA SENAC SÃO PAULO – SÃO PAULO – 2021

ADMINISTRAÇÃO REGIONAL DO SENAC NO ESTADO DE SÃO PAULO
Presidente do Conselho Regional: Abram Szajman
Diretor do Departamento Regional: Luiz Francisco de A. Salgado
Superintendente Universitário e de Desenvolvimento: Luiz Carlos Dourado

EDITORA SENAC SÃO PAULO
Conselho Editorial: Luiz Francisco de A. Salgado
Luiz Carlos Dourado
Darcio Sayad Maia
Lucila Mara Sbrana Sciotti
Jeane Passos de Souza

Gerente/Publisher: Jeane Passos de Souza (jpassos@sp.senac.br)
Coordenação Editorial/Prospecção: Luís Américo Tousi Botelho (luis.tbotelho@sp.senac.br)
Dolores Crisci Manzano (dolores.cmanzano@sp.senac.br)
Administrativo: grupoedsadministrativo@sp.senac.br
Comercial: comercial@editorasenacsp.com.br

Edição de Texto: Marília Pessoa
Preparação de Originais e Redação: Alexandre Augusto Freire Carauta
Revisão de Texto: Tereza da Rocha
Projeto Gráfico e Diagramação: Luciana Mello e Monika Mayer
Fotos: Pedro Oswaldo Cruz (foto de capa)
Ilustrações: Gerson Lessa
Impressão e Acabamento: Gráfica CS

Proibida a reprodução sem autorização expressa.
Todos os direitos desta edição reservados à
Editora Senac São Paulo
Rua 24 de Maio, 208 – 3º andar – Centro – CEP 01041-000
Caixa Postal 1120 – CEP 01032-970 – São Paulo – SP
Tel. (11) 2187-4450 – Fax (11) 2187-4486
E-mail: editora@sp.senac.br
Home page: http://www.livrariasenac.com.br

© Editora Senac São Paulo, 2021

PALAVRA DO AUTOR

.... 6

Para começar a conversar...

.... 9

Venda, planejamento e organização

.... 13

Tipos de eventos

.... 35

Quando o bar entra no evento

.... 71

Serviço sem segredo

.... 97

A estratégia do cardápio

.... 113

Cerimonial

.... 131

PALAVRA

DO AUTOR

A ideia deste livro, surgida entre um evento e outro, caminha comigo há alguns anos e foi tomando corpo à medida que senti a necessidade de compartilhar ideias e conhecimentos com quem vive (ou sobrevive!) de fazer festas e outros eventos. Sou um profissional com pelo menos um terço da vida dedicado ao dia a dia de hotéis e suas recepções. Os muitos anos de trabalho no segmento de hotelaria foram (e, devo reconhecer, ainda são) uma escola e tanto.

Na roda-viva de atividades, logo aprendi que o conceito de troca rege boa parte das tarefas desempenhadas. Serviço é troca, atendimento é troca, venda é troca. Por esta razão, comecei a me dar conta de que a experiência adquirida na promoção de eventos seria tanto mais valiosa quanto mais pudesse ser dividida, de modo a gerar mais ideias e mais oportunidades. Ganharia mais valor se pudesse, portanto, ser partilhada.

Pois bem: chegamos ao livro e a esta chance de troca. A estrutura das páginas que se seguem é simples e as informações são bastante diretas. A ideia é uma só: simplificar a vida de quem promove eventos. Numa época em que o mundo, ao mesmo tempo em que abre janelas, angustia pela quantidade de informações que gera, espero facilitar e estimular a promoção de eventos como uma forma de encontro e reunião de pessoas à moda mais tradicional. Isto é, como pura celebração e aprendizado de convivência.

PARA COMEÇAR

A CONVERSAR...

CAPÍTULO 1

Festas e Recepções

vento. No dicionário Aurélio está definido: "qualquer acontecimento de especial interesse, capaz de atrair público e de mobilizar meios de comunicação". Quando se busca o significado de festa, aparece escrito: "reunião alegre para fim de divertimento ou o conjunto das cerimônias com que se celebra qualquer acontecimento; solenidade, comemoração". E para a palavra reunião, encontra-se enunciado: "acontecimento que proporciona o encontro de diversas pessoas, num determinado local (residência, clube etc.), em geral com fim recreativo". Como numa receita que mescla ingredientes, este livro vai associar um pouco de cada uma das definições acima para falar de um universo que encanta e exige um bocado de trabalho.

Em todos os tempos, as pessoas sempre têm uma história de festa ou evento inesquecível para contar. Nestas páginas, não vai ser diferente. O relato que começa agora segue um parâmetro técnico e vai ser apresentado segundo o olhar de quem faz a festa.

Nas próximas páginas, estão reunidos detalhes e informações do que muitos consideram ser a melhor parte do evento, isto é, a sua preparação. Teremos, assim, um certo quê de bastidor em cada um dos dados apresentados. Desde o planejamento até a execução de serviços, passando por conceitos de venda, técnicas de serviço e cerimonial. Com direito a um longo tempo de permanência na cozinha, cada detalhe vai ser tratado de forma a mostrar as etapas de preparo e execução de um evento. A culinária vai funcionar como eixo especial deste trabalho. Merecidamente, diga-se de passagem, já que é um dos ingredientes de maior peso e a marca principal de boa parte dos eventos.

Agrupados por tipo, alguns desses eventos têm finalidade profissional, como é o caso de seminários e reuniões de negócios. Outros, por sua vez, têm um perfil de festa propriamente dita, como é o caso dos banquetes festivos, chás, coquetéis, entre outros. E há, finalmente, mais alguns que mesclam as duas opções anteriores, como, por exemplo, banquetes diplomáticos ou comemorações oficiais.

Em todos os casos, o sucesso do evento depende da combinação de fatores essenciais. Neste livro, você não só vai descobrir quais são eles como vai aprender um pouco da arte de associá-los adequadamente. Planejamento, ambiente, convidados, cardápios, serviço. Que receita mágica é capaz de unir estas variantes de forma ideal para tornar uma festa ou um evento memorável? À medida que a leitura for tomando seu curso, as respostas virão, orientadas sempre pela realidade de mercado.

Importante lembrar que muitas das informações relacionadas aqui estão centradas em eventos que são organizados nas dependências de um hotel. Mas são tratadas de forma a incrementar e municiar também o conhecimento de quem faz da organização de festas e eventos o seu negócio.

CAPÍTULO 2

VENDA,

PLANEJAMENTO E

ORGANIZAÇÃO

Festas e Recepções

FESTAS & RECEPÇÕES

14

O sucesso da venda do evento implica não apenas oferecer os melhores produtos e serviços com um custo-benefício atraente. Exige destreza no contato com o cliente. Quem vende um evento não deve se limitar a ser um simples anotador de pedidos, mas, sim, usar criatividade e experiência para bem impressionar o cliente. Para tanto, recomenda-se seguir algumas regras essenciais, em termos de ambiente, conduta e apresentação.

Um dos cuidados básicos é jamais deixar o cliente esperando. Ele deve ser recebido, de preferência, pelo gerente de eventos, teoricamente o profissional mais gabaritado para vender o evento — ou seja, para transmitir todas as informações de maneira clara, precisa e atraente —, esclarecer dúvidas, apresentar opções alternativas e superar as expectativas.

A venda do evento não se resume, contudo, a uma competência técnica em termos de discurso. É fundamental que, principalmente no primeiro contato com o cliente, o gerente tome uma série de cuidados quanto a ambiente, apresentação pessoal e etiqueta, além de técnicas, procedimentos e recursos para tornar a exposição do produto/serviço mais completa e atraente.

O cliente sempre deve ser recebido em um ambiente confortável, reservado e impecavelmente limpo. Também é fundamental que o gerente esteja adequadamente vestido, com trajes sóbrios. Uma apresentação irre-

Foto da pág anterior: Keydisc/Digital Vision

tocável — aliando imagem adequada, marketing pessoal e competência técnica — é imprescindível para o êxito do negócio.

Além do discurso informativo, claro e atraente, o gerente pode lançar mão de recursos tecnológicos para tornar a apresentação mais dinâmica. É interessante utilizar um *kit* de banquetes, com listas de menus, e também álbuns e vídeos de eventos recentes, exemplificando desde cuidados com a limpeza até a montagem dos serviços apresentados. Dependendo do espaço disponível, vale preparar uma mesa para mostrar tipos de toalha, louça, cristaleria, talheres e até mesmo decoração.

Um alerta importante: esse tipo de procedimento deve ser objetivo, sem prolongamentos desnecessários. Caso contrário, corre-se o risco de o contato com o cliente ficar demasiadamente maçante e, assim, nocivo à venda.

Simpatia é um quesito que deve acompanhar o gabarito técnico durante toda a apresentação das modalidades de serviço. É importante que o gerente mostre conhecimento, criatividade, interesse em informar, agradar (sem excessos) e ouvir de maneira cordial. Outra regra básica: conhecer previamente o perfil do cliente, poder aquisitivo, preferências, para poder, então, sugerir algo criativo e propor diferenciais. Sempre de uma forma sincera e dentro das possibilidades e normas do hotel ou empresa que organiza o evento. A venda do evento deve obedecer ao limite do realizável, sempre.

Nenhum evento pode ser considerado rotina. O gerente precisa mostrar curiosidade para extrair do cliente o máximo de informações e sugestões que possam ajudar no planejamento e na organização do evento, a fim de torná-lo um sucesso, acima mesmo das expectativas de quem o contrata.

Ao iniciar os entendimentos sobre o evento, é bom verificar, logo de início, a data desejada pelo cliente. Havendo disponibilidade, os detalhes serão analisados e anotados na folha de reserva provisória. Caso a data solicitada já esteja reservada, deve-se checar imediatamente as datas mais próximas disponíveis, para oferecê-las como alternativa. Tradicionalmente, utilizava-se o chamado livro de reservas, que tem uma página para cada dia do ano, para agendar os serviços contratados, com salões bloqueados e outros detalhes anotados. Hoje em dia, o livro já é substituído por programas de computador tais como *Delphi*, *Fidelio*, dentre outros, que visam facilitar o atendimento do cliente, permitindo desde a emissão da carta-proposta com orçamento do evento até a liberação de ordens de serviço. Uma fórmula para ter sempre em mente é a seguinte:

Boa apresentação

=

Competência técnica + Imagem adequada + Etiqueta

A prática e os anos de experiência serão capazes de assegurar a automatização de alguns procedimentos e também a sua aplicação de maneira adequada. De forma geral, como rotina, é preciso estar de olho para demonstrar:

- *Imagem bem-cuidada (roupa e aparência).*
- *Postura adequada.*
- *Simpatia e boa comunicação (ser agradável, adotar linguagem clara e precisa, chamar o cliente pelo nome, com uma dose equilibrada de formalidade).*

> • *Sinceridade: as informações devem ser objetivas, sem rodeios e termos técnicos.*
>
> • *Segurança: jamais demonstrar nervosismo ou intranquilidade.*
>
> • *Gentileza: as boas maneiras devem estar sempre à frente de qualquer questão.*
>
> • *Interesse dobrado: mostrar boa vontade para ouvir (e anotar) queixas e/ou sugestões.*
>
> • *Desembaraço: estar capacitado não apenas para fornecer informações e esclarecer dúvidas sobre eventos, mas também para conversar sobre atualidades e outros assuntos.*

PARA FORMALIZAR A PROPOSTA

Uma vez reservado o evento, prepara-se logo a carta-proposta, enviando-a — se possível, no mesmo dia — ao cliente. Acompanhando a carta devem constar anexos, como mapa dos salões, menus etc.

A carta-proposta deve discriminar pontos como salão ou local escolhido, horário (início e término do evento), tipo de montagem, número de convidados/participantes, comidas e bebidas escolhidas, anotações sobre formas de pagamento e outros detalhes pertinentes à realização do evento. É recomendável, na maioria dos casos, anexar um *kit* de banquetes contendo todas as informações e sugestões relativas a comidas e bebidas.

Outro item importante dessa correspondência é o prazo para confirmação, que deve seguir numa ficha especial na qual são anotadas datas-

-chave em relação ao evento, como, por exemplo, o período disponível para confirmação ou alteração e até o eventual cancelamento do que foi acordado.

Data:
Nome da empresa:
Endereço:
Referência: Tipo de evento/Data/Local

Prezado Sr./Sra. ...,

Conforme nossos entendimentos, vimos agradecer a consulta relativa ao evento, a se realizar no período de ...(data), para aproximadamente ...(pessoas), no local ...

Estamos enviando anexas, para sua apreciação e escolha, sugestões de menus, como também uma lista completa de bebidas com os respectivos preços.

Caso V. Sa. queira oferecer música ao vivo ou mecânica durante o evento, será necessária apresentação, conforme a legislação em vigor, dos direitos autorais, devidamente quitados, com ... dias de antecedência à data reservada. A ... (nome da firma ou do hotel) não se responsabiliza pela quitação, mas se coloca à disposição para prestar os esclarecimentos necessários sobre o assunto.

Solicitamos que nos sejam confirmados, até o dia ... (data e horário), o número de pessoas e menu escolhido, a fim de que possamos prestar o melhor serviço.

Caso seja do seu interesse, a ... (nome da firma ou do hotel) poderá cuidar da decoração, ao preço de ... por arranjo.

Agradecemos a preferência pelos nossos serviços, e colocamo-nos à sua inteira disposição para atendê-lo e esclarecer o que for necessário.

Atenciosamente,

.... (assinatura)

Considera-se como oficial o número de convidados que for indicado pelo cliente até 24 horas antes do evento. Tanto na cozinha quanto na montagem do salão é praxe a utilização de uma margem de segurança de 10% a mais de pessoas sobre o total informado por quem contrata o evento. Isto é, numa festa para 500 convidados calcula-se o atendimento para até 550 pessoas. É uma forma de evitar sustos e vexames. O cliente deve ser esclarecido sobre este dado e também convém informá-lo que, em princípio, a cobrança será feita tomando por base o número oficial de convidados. Se a frequência (comparecimento) for superior à combinada, acerta-se então o pagamento pelo número de participantes presentes.

AGRADECIMENTO

Após a realização do evento, é de boa política enviar uma carta de agradecimento. Esta simples medida também é fundamental para consolidar a excelência do serviço oferecido e para potencializar o caráter de *business* da realização de eventos.

Data:
Nome da empresa:
Endereço:

Prezado Sr./Sra. ...,

É com satisfação que agradecemos a preferência de V. Sa. ao escolher a ... (nome da firma ou do hotel) para a realização do ... (nome do evento).

Na expectativa de que nosso atendimento tenha estado à altura da confiança depositada, gostaríamos de receber seus comentários e sugestões quanto ao evento realizado. Esperamos poder tornar a servi-lo novamente.

Atenciosamente,

.... *(assinatura)*

Já tratamos da proposta e do agradecimento, mas acredito ser importante prestar mais algumas informações. Os quadros a seguir podem ser instrumentos auxiliares no planejamento do evento. Organização é uma das senhas para um evento tranquilo.

Reservas provisórias (primeiro agendamento)

Data prevista para a realização do evento: .../.../...

Tipo de evento	Número de pessoas	Responsável	Observações

Ficha de reserva de evento — Data: .../.../...

Tipo de evento:

Data/hora:

Local:

Depósito de garantia: R$

Firma/cliente:

Endereço:

Telefone: **Celular:**

Principal contato:

Número de pessoas esperadas: **Confirmadas:**

Preço por pessoa:

Faturar para:

Coquetel/hora: **Local:**

Almoço/jantar/hora: **Local:**

Flores: **Velas:**   **Local:**

Outros:

Comidas:

Bebidas:

Arrumação do salão:

Observações:

Formulário preenchido por: **Data: .../.../...**

PLANEJANDO COM EFICIÊNCIA

O planejamento equilibrado do evento é, obviamente, uma das principais chaves para o seu sucesso. Depende não apenas do ajuste do serviço ao programado, mas também da sintonia entre a estrutura operacional, os profissionais envolvidos e as informações colhidas no momento da "encomenda" do evento — incluindo as características do grupo de convidados/participantes.

Para levar adiante o processo de organização, vale considerar também uma série de aspectos básicos, de caráter operacional, mas não menos importantes para a programação e realização adequadas do evento, especialmente os de negócios. Por exemplo:

- *Registro do número total de participantes.*
- *Datas.*
- *No caso de eventos em hotéis, número de apartamentos reservados e datas-limite para a liberação dos apartamentos.*
- *A necessidade de* hospitality center *(espaço reservado a convidados VIPs e autoridades); convites especiais (para autoridades, por exemplo).*
- *Transporte para conferencistas e autoridades.*
- *Equipamentos e facilidades: telefones, fotógrafos, secretárias, informações e serviços especiais para os participantes etc.*
- *Instalações extras (espaço para músicos, por exemplo, no caso de eventos com música ao vivo).*

Os cuidados com serviços, facilidades e equipamentos especiais tornam-se imprescindíveis no caso de convenções/reuniões/congressos. Deve-se não apenas cuidar para que todos os serviços combinados com o cliente sejam prestados de maneira ágil e eficiente, como também tratar de criar pontos diferenciais de atendimento.

É importante que as etapas de preparação do evento sejam cumpridas de forma meticulosa. Detalhes fazem a diferença entre, por exemplo, um simples encontro e uma reunião mais refinada.

Planejamento adequado exige a comunhão de vários fatores:

- *Colher o máximo de informações e sugestões sobre o evento e o grupo de participantes/convidados.*
- *Ajustar tais informações e sugestões à estrutura operacional, acrescentando diferenciais de excelência.*
- *Conhecer a fundo a estrutura logística do hotel ou espaço onde o evento será realizado, principalmente a parte de cozinha, em termos de serviços e ambientes, a fim de dimensioná-la de acordo com as peculiaridades do evento programado.*
- *Distribuir as funções e responsabilidades com a devida antecedência e precisão, ou seja, conforme as características do evento.*
- *Manter a afinação entre os setores envolvidos (inclusive os serviços terceirizados, como, por exemplo, o de montagem de estandes em exposições, que exige a assinatura de termo de responsabilidade), verificando constantemente o desenvolvimento do processo de preparação do evento. Esta regência deve ser executada, de preferência, pelo gerente de eventos ou gerente de banquetes, com supervisão do responsável pela organização do evento.*
- *Ser detalhista, para garantir a qualidade desejada e evitar que algo seja esquecido.*

HARMONIA OPERACIONAL

O padrão de excelência de um evento e o seu apelo comercial dependem dos ajustes constantes da qualidade e do gênero dos serviços às exigências do mercado; de uma boa estrutura de marketing, da venda à carta de agradecimento; e de uma harmonia entre os diferentes setores ligados à sua realização. Por esta razão, não é possível deixar de contar com a presença de um profissional gabaritado para reger o desempenho desses setores.

Ele deve ter não apenas um conhecimento técnico abrangente sobre as áreas que compõem a organização de um evento, da montagem dos salões à cozinha, mas também uma visão gerencial e empresarial ampla.

Nas empresas especializadas, tal papel é desempenhado pelo gerente-executivo. Já em hotéis que dispõem de grandes áreas para banquetes e convenções, cabe a um gerente específico (de eventos ou de banquetes). E em hotéis de porte menor, essa função pode ser exercida pelo gerente-geral ou pelo gerente-adjunto, ou ainda pelo gerente de alimentos e bebidas, conforme o caso.

Independentemente de quem desempenha tal papel, é imprescindível que esse profissional — intermediário preferencial entre a empresa e o cliente — tenha domínio dos componentes da elaboração do evento.

O gerente/promotor executivo de eventos ou gerente de banquetes é uma espécie de regente que afina diferentes partes de uma orquestra, antes e durante a sua apresentação. Do contato inicial com o cliente aos cuidados durante a realização do serviço programado, ele deve manter cada detalhe sob seu olhar.

Regência

Na condição de regente, o gerente/promotor de eventos ou o gerente de banquetes agrega uma série de atribuições, como conhecer a fundo os produtos e serviços oferecidos, das particularidades de cada local ou salão, e as montagens possíveis, aos diferentes menus e respectivos custos. Deve conhecer também os serviços oferecidos por terceiros (música, decoração etc.) e as prioridades e preferências de cada cliente.

Esse profissional tem um papel decisivo também na coordenação das diferentes áreas orquestradas no processo de organização e realização do evento. Por meio das ordens de serviço, ele traça o planejamento devido, expondo as funções de cada setor envolvido e cuidando para que a execução corresponda ao programado.

Assim, organiza reuniões periódicas com sua equipe para revisar programas e esclarecer possíveis dúvidas. Uma boa estratégia é elaborar um descritivo por setor, com as funções e responsabilidades específicas; e outro descritivo por funcionário, com as suas incumbências. Tais informações, sempre claras e precisas, devem ressaltar a importância da participação de cada profissional e da harmonia entre os setores para o objetivo comum: o sucesso do evento.

O gerente supervisiona a preparação e a realização do evento, estando pronto para a necessidade de ajustes e para contornar eventuais imprevistos. Ele deve orientar o gerente-auxiliar de banquetes na organização e coordenação da parte operacional. Este, por sua vez, mantém um contato mais direto com o pessoal do serviço, informando o gerente de eventos sobre o desenvolvimento das atividades.

Conhecendo o grupo

Além de propiciar e coordenar a integração harmônica entre as áreas envolvidas na venda, planejamento, organização e realização do evento, o gerente deve estar informado sobre as principais preferências, prioridades e expectativas do cliente com relação ao atendimento de convidados. Este cuidado torna-se um grande diferencial, extremamente útil para garantir o nível de excelência do serviço. Assim, é importante saber características básicas do grupo de convidados, como idade média e sexo; poder aquisitivo; nível de sofisticação culinária; e perfil (festivo/formal/negócios).

Para não esquecer de informações pertinentes à boa organização do evento, é interessante ter sempre à mão um *check list* (lista de checagem) com os pontos a serem conferidos.

DIVIDINDO O BOLO: FUNÇÕES E RESPONSABILIDADES

As informações colhidas por meio do *check list* devem ser transmitidas às áreas envolvidas na organização do evento, que se encarregarão de colocá-las em prática. A partir do *check list* podem ser geradas ordens de serviço. Por exemplo: verificada a falta de um determinado produto para a decoração do salão, solicita-se a sua aquisição.

Nos hotéis, o setor de alimentos e bebidas exerce, obviamente, papel importante nesse processo. Entre os profissionais que o compôem destacam-se o chefe de cozinha e seus auxiliares. Nas empresas que organizam eventos, esse profissional também é sempre uma figura importante.

Ao receber a ordem de serviço, é ele quem avalia as mercadorias a serem compradas especialmente para o evento contratado. Em seguida, divide tarefas e organiza a sua equipe para (se for o caso) preparar alguns itens com antecedência, evitando atropelos no dia do evento.

O maestro

O chefe de cozinha, a exemplo do gerente de eventos, também é uma espécie de maestro, cuidando para que os envolvidos na confecção das comidas estejam sempre em sintonia — dos fornecedores aos cozinheiros. Seu papel é tão importante que, no caso de eventos mais sofisticados, esse profissional pode (e deve) ser um elemento estratégico para acompanhar o gerente de eventos no contato inicial (venda do evento) com o cliente.

Sendo um dos principais contribuintes para o êxito do evento, o chefe de cozinha deve obter sempre os produtos adequados na quantidade e tempo certos, vindos de fornecedores escolhidos a dedo. Tem a função importantíssima de zelar pela excelência do menu (qualidade e adequação ao evento), verificando sempre se os itens estão de acordo com o que aparece especificado na ordem de serviço e dentro do estipulado nas fichas técnicas da receita.

Ficha técnica é um eficiente instrumento de controle da produção, especialmente de alimentos. Ao primeiro olhar, sua confecção pode parecer um procedimento burocrático. Mas, na prática, é a partir da ficha técnica que se faz o cálculo de quantidades e, consequentemente, de preços. É muito difícil estabelecer parâmetros de qualidade, rendimento de pratos e atendimento sem as chamadas fichas técnicas.

É por meio delas que se estipula um padrão de preparação das produções culinárias e se atende à necessidade de definir com precisão as quantidades de ingredientes para cada receita e o percentual de cada ingrediente na composição do valor de um prato. No caso de um talharim ao funghi, por exemplo, tudo é detalhado, desde o peso do macarrão, suficiente para servir uma porção individual, até a quantidade de sal utilizada. Quanto maior o grau de precisão de uma ficha técnica, mais fácil tende a ficar a administração de um negócio na área de alimentos e a avaliação do serviço oferecido.

As fichas técnicas garantem:

execução facilitada de receitas

melhor organização

melhor compreensão da receita

racionalização

aumento da produtividade do trabalho

padronização

processo metódico de preparo

orientação para funcionários novos

preparo de quantidades exatas

menor desperdício

melhor rendimento

maior possibilidade de lucro

A otimização de custos — estratégia-chave para o êxito de qualquer negócio — depende muito da habilidade administrativa e da experiência do chefe de cozinha, que mantém a constante preocupação de reduzir os custos das compras, sem abdicar, é claro, do alto padrão dos produtos.

Para tanto, é necessário avaliar pontos como formas de pagamento, revisão de itens de alto custo, mudança quanto ao tamanho da embalagem, compra de maiores quantidades e falta de mercadoria, por exemplo.

O chefe de cozinha também confere as necessidades efetivas (estoques), cuida da lista de compras (mercado) e encomenda as quantidades adequadas, observando as previsões de entrega e a agenda de eventos. Além disso, controla rigorosamente as entregas, verificando se a qualidade, a quantidade e o preço estão de acordo com o pedido. E ainda encontra tempo para orientar a estocagem de gêneros de forma correta, dentro dos padrões de conservação determinados pelos órgãos sanitários oficiais.

SEGREDOS DA COZINHA

O alto padrão culinário é mais do que fundamental para propiciar o sucesso dos eventos. Da montagem da cozinha ao controle de estoque, é importante zelar pela excelência de pontos-chave:

- *quantidade, tipo e qualidade dos produtos a serem comprados;*
- *seleção do fornecedor;*
- *entrega e armazenamento das mercadorias.*

Quanto à quantidade dos produtos a serem comprados, é essencial considerar aspectos como, por exemplo, programação e tipos de eventos; espaço e condições de armazenagem; mudança de preços e promoções; prazos de validade dos produtos; custo do armazenamento; produtos que estão saindo de linha no mercado; descontos concedidos; e quantidades mínimas de compra.

Já para a seleção do fornecedor, deve-se analisar, por exemplo, localização, estabilidade financeira e confiabilidade — além, é claro, dos parâmetros mais técnicos: preços, promoções e descontos; capacidade para fornecer todos os produtos; e competência dos funcionários.

Os cuidados com as mercadorias não são menos importantes para o bom padrão da cozinha — o que, por sua vez, contribui decisivamente para o êxito do evento. Por uma questão de segurança, são imprescindíveis, portanto, cuidados como o controle na hora do recebimento dos itens encomendados, verificando a quantidade e a qualidade dos produtos e as condições de:

- *transporte, inclusive com o certificado de vistoria do veículo;*
- *embalagens, latas e vidros, que devem estar limpos e íntegros;*
- *rotulagem, com especial atenção para as datas de validade e fabricação;*
- *temperatura dos produtos na hora da entrega.*

Quanto aos critérios de conservação de alimentos, devem ser observados em relação à temperatura os seguintes parâmetros:

- *congelados: $-18^{o}C$, com tolerância até $-12^{o}C$;*
- *refrigerados e resfriados: até $10^{o}C$ ou conforme especificação do fabricante;*
- *pescados: máximo de até $3^{o}C$.*

Um setor de almoxarifado bem-organizado (caso haja possibilidade de montá-lo) é de extrema valia, na medida em que responda, de maneira ágil e precisa, por funções básicas, como recebimento, controle (quantidade e qualidade) e estocagem de mercadorias (separadas por tipo de produto).

HIGIENE

A exemplo da excelência logística e operacional, a higiene é fator primordial para o padrão de qualidade da cozinha, independentemente do tipo. Assim, funcionários e ambiente — incluindo máquinas e recipientes — devem estar sempre impecavelmente limpos.

Cuidados simples adotados como rotina ajudam a conservar o padrão de limpeza. É fundamental, por exemplo, lavar as mesas de trabalho, o chão e as paredes ao término de cada operação. Além disso, devem-se lavar câmaras e geladeiras, no mínimo, uma vez por semana. Outra recomendação é eliminar a madeira das áreas de alimentação, a fim de minimizar o risco de proliferação de bactérias.

Entre as regras básicas que garantem a higiene da cozinha, destacam-se pelo menos sete mandamentos fundamentais:

- *Dedetizar periodicamente todo o setor.*
- *Acondicionar rapidamente os alimentos perecíveis em câmaras frigoríficas.*
- *Lavar as mãos após cada operação ou manuseio de alimentos.*
- *Não enxugar as mãos em panos de limpeza, mas, sim, usar toalhas descartáveis.*
- *Não fumar.*
- *Usar sempre uniforme completo, não esquecendo do chapéu.*
- *Limpar os equipamentos de cozinha após cada utilização.*

Todo profissional que lida com alimentos precisa conhecer e aplicar em seu estabelecimento os procedimentos higiênico-sanitários exigidos legalmente pela Agência de Vigilância Sanitária, órgão fiscalizador do Ministério da Saúde. É recomendável ainda a adoção de um sistema de segurança alimentar, como o Sistema de Análise de Perigos e Pontos Críticos de Controle (APPCC).

TIPOS DE

EVENTOS

3

CAPÍTULO

Festas e Recepções

A realização de um evento requer não apenas talento e trabalho duro nas áreas de planejamento e organização. Pressupõe um certo toque de *business* e, exatamente por este motivo, a realização ou promoção do evento precisa ser tratada como a negociação de um produto e, diga-se de passagem, um produto atraente, o mais vendável possível.

É importante que a empresa ou o profissional responsável pela realização de congressos, reuniões, jantares, chás, banquetes etc. leve em conta dois atributos imprescindíveis ao êxito comercial: o padrão de excelência do produto que está sendo vendido — para o qual concorrem desde a escolha de fornecedores até a decoração, por exemplo — e o permanente ajuste desse produto às necessidades e expectativas do mercado, que vive em constante mudança. Isso significa que a qualidade do evento deve estar absolutamente afinada com as tendências e exigências dos clientes deste gênero de negócio.

Além de consolidar um padrão de alto nível em sintonia com o mercado, é igualmente primordial criar diferenciais que alimentem estruturas de marketing e de venda eficientes. Assim, é preciso otimizar os recursos disponíveis — materiais, físicos, humanos e financeiros —, a fim de tornar a realização de um evento um negócio atraente e competitivo.

No caso de uma empresa de eventos ou de um hotel, a elaboração de um plano de marketing eficaz abrange a análise dos espaços, facilidades, custos e serviços à disposição, para que sejam potencializados e ajustados às variantes do mercado. Devem ser analisados itens como:

- *Tamanho dos salões e suas áreas úteis.*
- *Montagens possíveis.*
- *Capacidade de hospedagem, no caso de hotéis.*
- *Facilidades em geral (estacionamento, manobrista etc.).*
- *Qualidade, flexibilidade e capacidade de produção da cozinha.*
- *Capacidade para realizar eventos especiais (festas temáticas).*
- *Preços.*

Tais análises levam em conta também o ambiente externo: o mercado; suas constantes alterações e expectativas; e a concorrência, é claro. Assim, podem ser feitas as adaptações necessárias para melhor satisfazer a demanda.

Os eventos — suas características principais, participantes mais frequentes, exigências culinárias e dicas de atendimento de infraestrutura — serão abordados aqui em dois grupos:

- *festivos;*
- *negócios ou estudo.*

Esta ordenação tende a facilitar o processo de planejamento e de execução de cada um deles. No grupo dos eventos de negócios estão incluídas, por exemplo, as reuniões e os seus desdobramentos mais elaborados, como é o caso de congressos e seminários. No rol dos eventos festivos incluem-se desde os chás até os banquetes.

Em muitos momentos, o festivo pode virar negócio e vice-versa. Isto é, as características dos dois grupos de eventos aqui definidos podem estar mescladas, mas é bom ter sempre em mente o objetivo central de uma realização, de forma a não confundir histórias e cometer deslizes.

BUSINESS E CIA.
As reuniões

As reuniões ou jornadas de trabalho e também congressos e seminários podem ser classificados como promoções do grupo de eventos de negócios ou estudo. Com finalidade e porte diversificados, envolvem um processo de organização meticuloso. Podem variar desde a pequena reunião — o que hoje em dia é bastante comum, já que muitas organizações empresariais optam por envolver suas equipes profissionais em rodadas de formação ou discussão de temas estratégicos fora do ambiente de trabalho — até seminários e congressos com centenas de participantes.

Os hotéis são locais frequentemente escolhidos para sediar eventos desta natureza, o que faz dos encontros empresariais uma importante fonte de renda para o segmento de hotelaria, independentemente de suas metas de ocupação de apartamentos.

De acordo com informações das principais cadeias hoteleiras, as reuniões de pequenos grupos têm mais comumente entre 10 e 35 participantes.

Essas pessoas apresentam algumas características que devem ser sempre levadas em consideração no momento em que se pensa na oferta de serviços para um evento. Nível superior, faixa etária entre 30 e 45 anos, ainda predominantemente do sexo masculino, conhecimento de idiomas: esta é uma espécie de perfil básico de quem participa de encontros empresariais, o que leva a concluir que o trabalho de atendimento de evento será sempre alvo de um olhar crítico especial, de gente exigente e bem-informada.

Dependendo do tempo e do número de pessoas reunidas, é possível empregar vários tipos de serviços de alimentos e bebidas durante as reuniões. O principal e mais conhecido é o *coffee break*, que consiste em um pequeno lanche servido durante os intervalos.

Tradicionalmente, a montagem da mesa do *coffee break* é feita do lado externo do salão de reunião. Toda a *mise-en-place* — ou seja, a organização e arrumação do ambiente para o início do serviço — deve estar pronta cerca de 15 minutos antes do horário combinado com os organizadores da reunião. Caso haja atraso para o início do intervalo, caberá ao *maître* ou garçom mais experiente trocar os itens que se façam necessários a fim de assegurar um serviço perfeito.

Para o *coffee break*, os menus mais usuais incluem opções básicas como café, chá, leite, água mineral, *petit fours*. Contrariando a mesmice e apostando em soluções mais criativas, existem propostas que vão muito além desta composição e lançam mão, por exemplo, de temas especiais. Hoje é muito comum a solicitação de *coffee breaks* temáticos: tropicais, com sucos de frutas exóticas e comidas típicas de uma determinada região; ingleses, à base de bolinhos especiais e *muffins*, entre outros.

Opção 1: *café, chá, leite, chocolate*
sucos de laranja, abacaxi e melancia
água mineral
petit fours
bolo inglês
minicroissants com queijo e presunto

Opção 2: *café, chá, leite, chocolate*
refrigerantes, água mineral
pães doces
brioches com queijo fundido
minitortas de frutas

Opção 3: *café, chá, leite, chocolate*
suco de laranja, refrigerantes, água mineral
torradas com patê
sanduíches abertos de peru e ricota
folhados doces

Há sempre o caso de reuniões que se estendem por mais de um período do dia. Em situações assim, além do *coffee break*, é necessário pensar em opções de almoço ou de jantar, dependendo do cronograma de realização do encontro ou reunião empresarial. A refeição poderá, então, ser servida numa sala privativa, ou, dependendo do tamanho do grupo, no restaurante do hotel ou local-sede da reunião.

No caso do hotel, é necessário organizar horários de forma que o restaurante não fique totalmente ocupado pelo grupo, com prejuízo dos hóspedes. É preciso ter sempre em mente que os participantes de um evento como uma reunião ou encontro empresarial estão ali a trabalho, o que leva a concluir que os cardápios devem primar pela leveza. Feijoadas, cozidos, rabadas ou pratos similares só devem ser servidos se forem expressamente solicitados. Nada de exagero nas bebidas; e álcool, só se for formalmente pedido. Águas, sucos e refrigerantes são as bebidas mais indicadas.

Opção 1: *salada verde*
rosbife com legumes
arroz com passas
filé de badejo grelhado com banana
pudim de leite condensado
frutas da estação

Opção 2: *caesar salad*
posta de salmão grelhada com alcaparras
picadinho de filé-mignon com farofa de cebola
arroz branco
doces em compota
musse de chocolate
salada de frutas

Atente para o seguinte: para a realização de uma reunião, as exigências estruturais são aparentemente pouco numerosas. Mas, na verdade, as coisas não são assim tão simples. Não há espaço para qualquer tipo de improviso. Limpeza do salão, boas condições de conservação de móveis, ar-condicionado silencioso são imprescindíveis. E isto é só para começar.

Costumo lembrar sempre as histórias de palestrantes e conferencistas amigos que travam verdadeiras batalhas com os aparelhos de ar-condicionado. O barulho excessivo das máquinas ou a temperatura mal-ajustada geram perda de tempo e constrangimentos para quem está fazendo algum tipo de apresentação. E este é apenas um exemplo do quanto um descuido pode ser fatal e comprometer até um evento aparentemente simples, no qual, em princípio, nada pode dar errado.

Quando se fala em reunião, é comum fazer, já num primeiro momento, uma associação com arrumação de mesas e disposição de salas. Pois bem. A seguir estão listados alguns exemplos mais comuns de montagem de salão que podem auxiliar na organização de uma reunião. O estado de conservação dos móveis, mesas e cadeiras precisa ser verificado com cuidado. Arrumação impecável com mesas e cadeiras caindo aos pedaços, definitivamente, não funciona.

Organização em "U"

Usada em reuniões nas quais os participantes devem permanecer de frente uns para os outros, mas onde haja um centro de atenção: uma pessoa ou mesmo equipamentos audiovisuais ou eletrônicos.

Organização quadrangular

Utilizada com mais frequência em debates. Algumas vezes também é usada para banquetes. Nestes casos, é comum que se coloque no centro, no nível do tampo das mesas, uma decoração floral.

Montagem em círculo

Este tipo de montagem é utilizado em pequenas reuniões, para manter as pessoas mais próximas umas das outras. As mesas redondas de vários tamanhos são também usadas em banquetes, durante eventos sociais.

11 DICAS ESTRUTURAIS

Montagem em auditório ou teatro

Cadeiras com ou sem braço, dispostas em fileiras umas atrás das outras. Atenção aos corredores, que devem permitir boa circulação, e aos cinzeiros, caso no ambiente seja permitido fumar.

12 MESA COM ORGANIZAÇÃO QUADRANGULAR

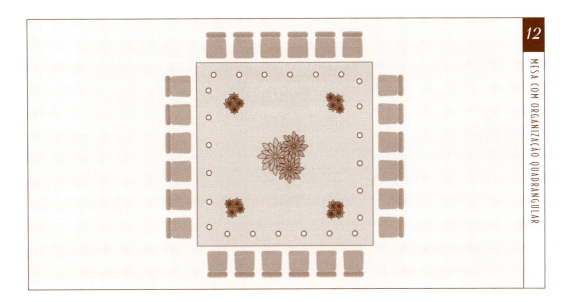

13 MESA COM MONTAGEM EM CÍRCULO

ARRANJO FLORAL

SALEIRO/PIMENTEIRO

CINZEIRO

14 — MESA COM ORGANIZAÇÃO EM "U"

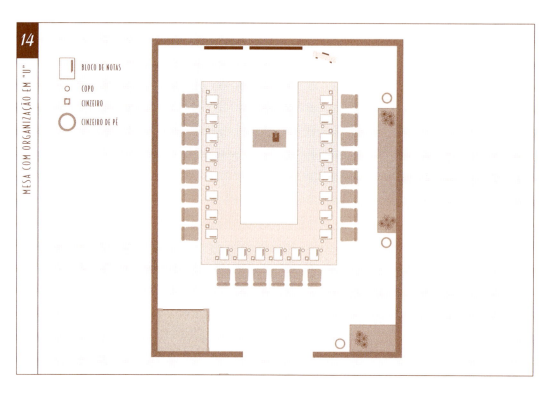

- BLOCO DE NOTAS
- COPO
- CINZEIRO
- CINZEIRO DE PÉ

15 — MONTAGEM EM AUDITÓRIO/TEATRO

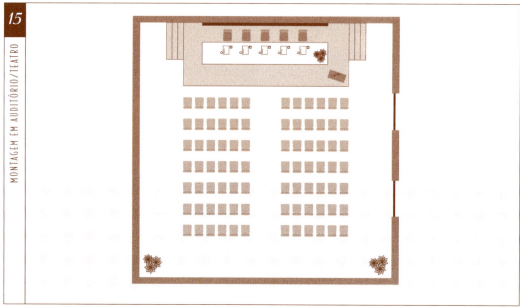

Congressos, feiras etc.

Para congressos e feiras, a história muda um pouco de figura. Normalmente, além da reserva de espaços mais amplos e da preparação de uma infraestrutura de atendimento, existe a necessidade de montagem de estandes, utilizados para a exposição de material de divulgação ou de produtos.

Neste caso, aconselha-se que o cliente apresente, para prévia aprovação, uma planta baixa informando a distribuição, localização e formato dos estandes. Hoje, é comum utilizar alguns apartamentos ou até mesmo um andar inteiro de um hotel para a montagem de feiras ou mostras de produtos. O custo para o expositor fica bastante acessível se comparado a grandes salões ou aos disputados centros de convenções, e pode contribuir para dar ao evento um ar moderno, arrojado.

Seja qual for a escolha, é importante preparar tudo considerando sempre um plano especial de ocupação de espaço e fornecimento de serviço de alimentos e bebidas, de modo a não obstruir áreas de circulação, saídas de emergência, extintores, painéis elétricos ou de controle. Considerando o fato de as montagens e desmontagens de estandes serem complexas, é importante que sejam reservados alguns dias para estas tarefas.

Em congressos e feiras, as opções gastronômicas, quando incluídas, tendem a ser variadas. O que se costuma oferecer é um café ou chá na recepção dos participantes e um serviço de alimentos e bebidas especial, que funciona como uma espécie de apoio para convidados. Este é o caso, por exemplo, de um *coffee break* reservado, montado somente para pequenos grupos ou para os VIPs indicados pelos organizadores.

Muitas vezes são solicitadas opções para almoço e jantar. Já que a tendência, neste tipo de situação, é ter que atender um grande número de pessoas, é interessante pensar em utilizar a estrutura de alimentação do local-sede do evento ou, caso isso não seja possível, trabalhar com duas alternativas principais: montar um espaço para refeições com duas ou três opções de pratos prontos ou um local para lanches rápidos, com alimentos que possam ser pré-preparados, como sanduíches, quiches etc. Refrigerantes, água mineral e sucos são as bebidas mais recomendadas em tal situação.

Sugestões de cardápio para pratos prontos

Estrogonofe com batata sotê e arroz branco
Filé de peixe grelhado com jardineira de legumes
Frango empanado com arroz à grega e batata-palha

PARA ENTRAR NA FESTA
O banquete

Uma vez tratados os eventos de negócios, é hora de avançar um pouco mais para chegar ao rol dos eventos festivos. Muito de minha experiência foi acumulada a partir da realização desta modalidade de evento. Devo dizer que agora estou mais à vontade para transmitir informações e dicas. Para começar, devo logo informar que dispor de um repertório variado e flexível de menus e bebidas e ajustá-lo às preferências e expectativas do cliente e do grupo de convidados são condições básicas para organizar e preparar banquetes alinhados, de categoria.

O primeiro passo para o sucesso se dá a partir de um bom contato inicial com o cliente, em que são colhidas informações e sugestões para se planejar o evento com eficiência.

Depois de acertados os detalhes e cumpridas as etapas das quais já falamos anteriormente, o gerente de eventos ou de banquetes envia ordens de serviço aos diversos setores que compõem a preparação do evento e passa a supervisioná-los, checando qualidade, quantidade e obediência ao cronograma. Orientações e esclarecimentos específicos são transmitidos a cada setor. É importante que tudo esteja funcionando como um relógio.

Ao receber as ordens de serviço, o *maître* executivo de banquetes avalia as formas mais apropriadas de se realizar cada função. Se for necessário, dependendo da dimensão do evento, ele pode — e deve — contratar pessoal extra, devidamente qualificado.

Esse profissional também deve acompanhar desde os cuidados com o menu até a montagem do salão, verificando se cada item corresponde ao estipulado e contratado. O equilíbrio do salão, o conforto dos convidados e as necessidades do serviço deverão sempre ser levados em conta.

Mesas

A arrumação das mesas para um banquete segue um certo ritual. Na verdade, a disposição da louça, talheres, copos etc. para um evento deste gênero pouco difere da que é feita para um jantar comum. O que muda,

essencialmente, é a quantidade de peças, sempre relacionada, claro, ao menu que será servido.

Depois de cumprir os passos iniciais da *mise-en-place* — isto é, do conjunto de operações preparatórias para o início do serviço — é preciso complementar a composição da mesa para que fique à altura de um banquete. Então, vamos pelo início: tudo começa com a colocação do forro na mesa; em seguida, vêm a toalha e o cobre-manchas. A distribuição dos pratos de mesa é feita imediatamente depois. Todos devem estar rentes à borda da mesa. Os talheres são colocados assim: faca sempre do lado direito do prato e com a lâmina voltada para ele. O garfo fica à esquerda. O copo (se for um só) fica na direção da ponta da faca de mesa. O guardanapo entra sobre ou do lado esquerdo do prato, antes dos talheres. Fique de olho: a colocação de talheres e copos deverá necessariamente obedecer à sequência dos pratos, sempre de fora para dentro.

Caso se esteja preparando um banquete requintado, na composição completa da mesa entram:

    a. guardanapo
    b. garfo para entrada
    c. garfo para peixe
    d. garfo para carne
    e. garfo para sobremesa
    f. prato de mesa
    g. faca para sobremesa
    h. colher para sobremesa
    i. faca para carne
    j. faca para peixe

k. colher para sopa

l. faca para entrada

m. prato para pão

n. manteigueira

o. cartão de identificação

p. taça para champanhe

q. taça para água

r. taça para vinho tinto

s. taça para vinho branco ou rosé

Embora a montagem e a decoração das mesas devam sempre seguir a vontade do cliente, é recomendável utilizar, em eventos de grande porte, mesas redondas de oito a dez lugares, que proporcionam melhor aproveitamento do espaço e maior entrosamento entre os convidados.

A decoração, a despeito das variações que decorrem do orçamento aprovado, deve seguir algumas recomendações. Em eventos diurnos, aconselha-se adotar arranjos florais, que podem ser de rosas, flores campestres ou tropicais, de acordo com o desejo do cliente.

Já em eventos noturnos, é simpático adicionar velas aos arranjos, criando um ambiente mais aconchegante. Arranjos grandes e baixos devem ser evitados, já que dificultam a comunicação entre os convidados. No salão ou local onde ocorre o evento, podem-se usar também plantas ornamentais em pontos que não atrapalhem o deslocamento dos convidados e do pessoal do serviço.

Serviço

Antes que o salão seja aberto aos convidados, cada garçom deve verificar seu setor ou praça, evitando e corrigindo eventuais erros.

Quanto à qualidade do que é servido, o gerente de banquetes e o *maître* executivo devem acompanhar e supervisionar desde a entrega das mercadorias e produtos, passando pela confecção dos pratos, até o serviço propriamente dito. Antes da execução da *mise-en-place*, o *maître* deve reunir os garçons, explicar e definir a sequência do serviço. Pode ser montada uma *mise-en-place* padrão, a título de exemplo, para facilitar o entendimento dos profissionais que vão trabalhar em um determinado evento.

Em resumo, o *maître* de banquetes:

- *Faz as contratações extras.*
- *Assegura a qualidade dos itens servidos.*
- *Assegura o bom andamento do serviço dentro do padrão de excelência.*
- *Acompanha a montagem do salão.*
- *Organiza a execução propriamente dita do banquete.*
- *Coordena os diferentes setores envolvidos na realização do evento.*
- *Verifica junto ao barman a quantidade e a qualidade das bebidas.*
- *Assegura o cumprimento dos horários estabelecidos.*
- *Organiza a limpeza do salão após o término do evento.*

Para um banquete, há seis tipos essenciais de serviços, que devem ser escolhidos conforme as características do evento e o desejo do cliente. A opção normalmente se dá em função do poder aquisitivo do cliente, gosto, número de convidados, estação do ano, entre outros fatores. Os tipos de serviços aos quais me refiro são os seguintes:

- **Empratado:** É um serviço simples e rápido, muito adotado em jantares e banquetes. Serve-se o prato à mesa já previamente elaborado na cozinha. Em eventos menos sofisticados, é possível colocar o prato frio de entrada junto com a água, na mesa, antes da chegada dos convidados. Este tipo de serviço permite que os pratos sejam montados por igual, ou seja, com a mesma decoração e a mesma porção de alimentos, o que assegura maior controle e, muitas vezes, custo mais reduzido.

- **à Francesa:** O serviço é feito por meio de *guéridon* ou aparador. A comida é apresentada ao convidado e, logo depois, colocada sobre o *réchaud* para que permaneça quente. Em seguida, é passada para o prato e, então, servida ao convidado. Neste serviço, o garçom precisa ser ágil, para não deixar o prato esfriar. Geralmente é adotado quando o evento conta com um número reduzido de participantes.

• **à Inglesa:** As bandejas são colocadas sobre as mesas e cada convidado se serve.

• **à Diplomata:** Os garçons passam a bandeja e cada convidado se serve a gosto.

• **à Russa:** Todos os alimentos são dispostos em bandejas e os garçons servem os convidados de acordo com a sequência estipulada pelo chefe de cozinha. Isto é, o chefe indicará a quantidade e a disposição de cada item a ser servido. Assim, o garçom poderá servir a todos os convidados a mesma porção, com o cuidado de colocar os alimentos no prato de forma harmoniosa. Neste tipo de serviço os garçons costumam trabalhar em dupla: enquanto um serve a carne, ave ou peixe, o outro se encarrega de servir os acompanhamentos.

• **Bufê:** Uma grande mesa é montada, com iguarias quentes e frias. Em banquetes, o serviço de bufê é uma das melhores opções. Satisfaz boa parte dos convidados, já que oferece variedade de pratos e a possibilidade de consumo à vontade. O êxito deste serviço depende não apenas da qualidade e da diversidade de opções gastronômicas, mas também e, especialmente, de sua apresentação.

Atenção: é muito comum confundir serviço à francesa com à russa.

Ao primeiro olhar, eles parecem idênticos, coisa que na verdade não são. Tradicionalmente, em jantares formais, quando o garçom serve o convidado à mesa, as pessoas costumam generalizar, dizendo que estiveram num jantar ou almoço à francesa. Esta modalidade de serviço só ocorre quando os garçons utilizam aparadores e réchauds como apoio à sua atividade. Garçons que servem os convidados colocando o alimento direto da travessa no prato estão servindo à russa.

Esta é a denominação correta e também o que mais se vê em eventos de formato mais atual. Modernamente, o mais usual portanto é o serviço à russa.

O sucesso do bufê

Esta modalidade de serviço é cada vez mais adotada, pelo caráter prático e pela ótima aceitação. No entanto, é preciso observar alguns detalhes para garantir um padrão de excelência que diferencie o bufê de um mero aglomerado de pratos.

A escolha do menu e as quantidades servidas devem levar em conta o número de convidados (calcula-se, em geral, 450 gramas por pessoa) e o perfil do grupo (se é formado, por exemplo, por jovens, empresários, pessoas idosas etc.), o horário do evento e o clima ou estação do ano no qual vai ser realizado. Os pratos e iguarias são, então, ajustados a esses fatores e, logicamente, às sugestões do cliente. Deve-se considerar também a preocupação crescente com a alimentação saudável e os padrões dietéticos. O bufê deve oferecer pratos e sobremesas reduzidos em calorias, molhos com pouca manteiga ou creme, além de opções para vegetarianos.

Embora o bufê possa ser arranjado de acordo com inúmeras variantes, há uma formação básica a ser seguida. O mais comum é encontrar o bufê composto por:

- *Tábua de queijos (nacionais e/ou importados)*
- *Cesta de pães sortidos*
- *Patês e musses*
- *Frios sortidos*
- *Saladas diversas (simples e/ou compostas)*
- *Molhos sortidos e guarnições (azeitonas, pepinos, cebolinhas etc.)*
- *Sopas (frias e/ou quentes)*
- *Pratos quentes (aves, carnes, peixes, massas e respectivos molhos)*
- *Acompanhamentos*
- *Sobremesas variadas (tortas, frutas frescas, sorvetes,* pâtisserie *francesa etc.)*

Toda essa variedade deve ser apresentada de modo atraente, muito bem decorada. Algumas vezes, são acrescentadas decorações em gelo ou florais, a fim de proporcionar um maior impacto visual. É igualmente importante que os pratos e talheres sejam arrumados de maneira a facilitar a vida dos convidados. Uma boa e simpática ideia é ter um cozinheiro vestido a caráter servindo os convidados, fatiando uma carne, por exemplo. Também faz muito sucesso a montagem de pequenas "ilhas" de apoio, com itens específicos. Mesas de queijos, por exemplo, ou saladas.

Cuidados para uma boa apresentação do bufê:

- *Posicionar corretamente as bandejas*
- *Manter a qualidade e, se for o caso, a temperatura dos itens após longo tempo de exposição*
- *Expor os pratos e itens de maneira apetitosa*
- *Evitar o uso de fitas e papéis sobre as travessas*
- *Substituir as travessas vazias, em vez de completá-las no local*
- *Evitar o uso de bandejas-espelho muito grandes*
- *Realçar as cores naturais dos alimentos*
- *Colocar peças decorativas, de bom gosto, atrás do bufê, em mesa separada*

Aqui vale um conselho: no caso de bufê para até 80 pessoas, pode-se dispor de apenas uma linha de acesso. Já para um total de convidados acima de 80 pessoas, sugere-se mais de um acesso. Desta forma, fica facilitado o deslocamento dos convidados e evita-se a formação de filas. Para um número muito grande de convidados, é recomendável a montagem de mais de uma mesa de bufê, com criterioso gerenciamento do espaço disponível.

Como os próprios convidados é que se servem, a equipe de bufê deve preocupar-se, especialmente, com a retirada dos pratos usados das mesas e com as bebidas. Estas tarefas devem ser executadas com eficiência e agilidade. Normalmente, a reposição dos pratos e itens da mesa é feita pelos integrantes da cozinha, cuidando para que nenhuma bandeja ou travessa fique um só instante vazia. A reposição demorada pode comprometer o serviço e dar uma aparência descuidada ao bufê.

*As alternativas de menu **aqui** apresentadas são para banquetes com serviço empratado, à francesa e de bufê. Por serem os mais comuns e mais frequentemente contratados, despertam interesse maior. São também mais versáteis, podendo ser adaptados de acordo com o tipo de evento.*

Para serviço empratado:

Opção 1: *salada waldorf*
linguado grelhado com ragu de cogumelos
guarnições
suflê gelado de morango
café e petit fours

Opção 2: *salada de camarões e abacate*
escalope de vitela com tomate e mozarela
guarnições
tartelete de limão
café e petit fours

Opção 3: *sardinhas marinadas*
tornedor com molho de cinco pimentas
guarnições
crocante de dois chocolates
café e petit fours

Para serviço à francesa:

Opção 1: *consomê aromatizado com vinho madeira*
galantine de caviar
pasta folhada com frutos do mar
lombinho recheado com ervas frescas
arroz selvagem
tiramissu
sorvete de champanhe
café e petit fours

Opção 2: *seleção de peixes defumados*
filé-mignon ao molho roti com uvas-passas e pimenta-verde
batatas croquetes
jardineira de legumes
bavaroise de maçã com calda de baunilha
creme brulê
café e petit fours

Para serviço de bufê:

Opção 1:

Saladas – *arroz com camarões, batata com atum, mozarela de búfala*
com manjericão e tomates, tabule, pimentões vermelhos assados com
berinjela frita, cenoura ralada com uvas-passas,
alface crespa e lisa, couve-flor com brócolis.

Entradas frias – terrina de peixe, terrina de fígado de pato, lombo de porco defumado, ovo cozido com gelatina de presunto, quiche Lorraine, torta de queijo com espinafre, medalhões de lagosta e camarão com salada russa, coquetel de camarões, rosbife frio, frios diversos.

Pratos quentes – filé-mignon ao molho madeira, bacalhau ao molho de champanhe, peito de frango com champignons chilenos, arroz branco, batatas cozidas, misto de legumes na manteiga.

Sobremesas – torta de frutas diversas, mil-folhas com morangos, pirâmide de profiteroles com chantilly, baba de moça ao rum, salada de frutas, musse de chocolate, frutas frescas, tábua de queijos.

Café e petit fours

Opção 2:

Saladas – mix de folhas, macedônia de legumes com maionese, tomate com cebola, frutos do mar, pimentões vermelhos assados, escabeche de sardinhas, mexilhões, maionese de batatas.

Entradas frias – presunto cru e pão italiano, chouriço e feijão branco em salada, empadinhas de atum com cebola e alho, tortilha de abobrinha, bacalhau desfiado com azeitonas e batatas, salame italiano, torta de peixe.

Pratos quentes – calamares, paella, coelho com alho e arroz de açafrão, batatas gratinadas, peito de frango recheado com cheddar.

Sobremesas – toucinho do céu, musse de chocolate, peras ao vinho, sonhos, frutas da estação, torta floresta negra, torta de laranja, crepes de banana e maçã.

Café e petit fours

Banquetes externos

Este tipo de evento exige, além dos cuidados e procedimentos já observados, uma atenção especial em relação ao transporte e à montagem do material para um recinto aberto.

Caso um hotel seja o responsável pela organização do evento, a coordenação do banquete externo vai ser feita pelo setor de eventos do estabelecimento, inclusive com previsão de transporte de pessoal e material. Cabe aos integrantes do departamento de steward do próprio hotel — isto é, ao setor de serviços gerais — a responsabilidade de cuidar para que cada objeto/material necessário seja corretamente transportado e arrumado no local do evento.

Recomenda-se fazer uma lista de material antes de um evento externo *(outside catering)* e checá-la de forma meticulosa, para evitar eventuais faltas. Um pequeno inventário na saída e no retorno do material tende a ser bastante útil para garantir maior controle e evitar prejuízos. Em empresas que organizam eventos, a adoção de uma rotina semelhante pode ajudar. Muitas vezes não há disponibilidade de pessoal para inventários muito detalhados, mas um mínimo de controle sempre é bom.

Um outro ponto relevante aqui diz respeito à disposição das mesas, à distribuição dos lugares propriamente dita. Em ambiente aberto, as condições climáticas tendem a interferir no conforto do convidado. Há sempre o recurso dos toldos (para os dias de mau tempo) e outros mecanismos de proteção, mas há que se ter um talento específico para distribuir mesas e cadeiras de forma a tornar a festa (ou evento) em ambiente externo segura, confortável e com padrão de serviço elevado. O conhecimento prévio e detalhado do local-sede do evento é imprescindível nestes casos, para avaliar que tipo de recepção vai ser realizada e a forma de ambientá-la corretamente.

O chá

Chegamos aqui a um evento com características bem peculiares. Todo chá tem um charme especial e como tal deve apresentar diferenciais. Uma cor diferente nas toalhas, um suco exótico no cardápio, uma essência rara para degustação. Inúmeros caminhos podem ser tomados para marcar o evento.

Além da meticulosidade quanto à escolha do menu e à confecção dos quitutes e bebidas, a organização de um chá requer atenção especial com relação à disposição das mesas. Um detalhe importante a ser observado: considerando-se que muitas vezes o público é feminino e geralmente mais velho, é recomendável organizar mesas e cadeiras de forma a garantir maior conforto e boa circulação.

A decoração é outro ponto importante em um chá, exigindo extremo cuidado, bom gosto e equilíbrio, para que o ambiente esteja plenamente afinado com o motivo do evento e com os detalhes combinados com o cliente. Flores e plantas o deixam mais vivo e agradável, desde que usadas na dose certa. Gosto sempre de sugerir o uso de gérberas, uma espécie de margarida grande. Numa cor só ou em tons variados, compõem bem com qualquer base (cipós, bambus, heras e outras folhagens) e decoram o ambiente de chá na medida exata.

Quitutes

Os quitutes servidos neste evento dependem sempre das preferências do cliente. Todavia, devem seguir um padrão impecável de qualidade, no que se refere às bebidas (chá, chocolate, sucos, água mineral etc.) e alimentos (quentes, frios, pães, tortas etc.). Uma certa dose de cor e requinte sempre combina com chás.

Assim como um banquete pede um bom vinho, este evento deve lançar mão de um chá de primeira. Inclusive em relação ao repertório de opções. A variedade de chás é quase tão grande quanto a de vinhos.

Entre os chás mais conhecidos estão:

• **Earl Grey:** Preto, aromatizado, de origem chinesa. Servido puro ou com um pouco de leite. Nunca com limão.

• **Darjeeling:** Originário do Himalaia, tem sabor delicado. Servido com ou sem leite.

• **Lapsang Souchong:** Originário da província chinesa de Fujian, tem sabor de fumaça e alcatrão. Servido puro ou com um pouco de leite.

• **Yunnan:** Nascido no Sudoeste da China, é uma bebida clara e luminosa. Servido puro ou com um pouco de leite.

• **Blackcurrant:** Preto, levemente aromatizado com groselha preta, originário de Assam, na Índia. Servido somente puro.

• **Irish Breakfast:** De origem indiana, produz um líquido forte e espesso. Servido com leite.

Chás brasileiros de sabores florais e de frutas são muito utilizados e pedidos pelos clientes. Maçã, morango e pêssego funcionam como alternativas requintadas. Os tradicionais erva-doce, hortelã e erva-cidreira, com a possibilidade de serem adoçados com mel, também podem ser charmosos.

Café, chá, leite, chocolate quente
Sucos de laranja, caju e abacaxi
Croissants, pão francês individual, torradas
Manteiga individual, geleia individual, mel
Presunto cozido, salame, mortadela
Queijo prato fatiado, ricota, iogurte natural,
iogurte de frutas, queijo brie
Compotas de pêssego, ameixa seca, damasco e pera
Cereais, tortilhas
Torta de maçã, morango e queijo,
bolo, pudim de leite

Segredos de um bule de chá perfeito

• ***Chá fresco e de alta qualidade*** *— O chá deve ser guardado em recipientes bem-vedados, longe de produtos que exalam cheiro forte.*
• ***Água fresca*** *— Água quente ou reaquecida contém menos oxigênio, comprometendo o sabor do chá.*

- **Quantidade certa de chá** – Uma boa medida é uma colher de chá por pessoa, mais uma pelo bule. A mesma regra vale para saquinhos individuais.
- **Tempo certo de preparação** – Deve-se derramar a água fervente e deixar o chá de molho de três a quatro minutos.
- **Tempo certo de servir** – Deve-se girar o bule três vezes numa direção e, em seguida, servir imediatamente. O chá terá sabor de fervido se for deixado no bule por mais de dez minutos.
- **Criatividade** – Há uma infinidade de misturas com diferentes chás a serem experimentadas. A mais famosa mistura é feita com leite.

O chá, contam os historiadores, nasceu na China antiga, por volta de 2800 a.C., por uma distração do imperador Shen Nung. Diz a lenda que, ao ferver água para beber, ele não reparou que algumas folhas tinham caído no recipiente. Como as tais folhas acabaram proporcionando à água um aroma agradável, Nung resolveu bebê-la, constatando que o paladar correspondia ao cheiro delicioso. A partir daí, o imperador passou a fazer experiências com outras folhas em água fervente. Estava criado o chá, ou pelo menos o princípio que originou o elaborado processo para se obter infusões ideais.

O chá tradicional origina-se de folhas verdes de Camellia sinensis, nativa da China. Estas folhas, encontradas em diversas partes do mundo, passaram a servir de base para infusões de variados sabores e características — de acordo, por exemplo, com a combinação, a torrefação e a prensagem adotadas. Hoje, a bebida pode ser dividida em duas categorias básicas: chá-preto e chá-verde.

Embora nascido na China, o chá se popularizou no Japão, integrando rituais budistas e adquirindo até uma cerimônia própria: Chanoyu (cerimônia do chá). No século XVI, holandeses e portugueses descobriram a infusão, que depois ganhou a Europa. Claro que os ingleses, tornando a degustação do chá um hábito cotidiano, especialmente a partir do século XIX, colaboraram bastante para ampliar o prestígio da bebida. Nas Américas, o chá chegou através dos europeus e logo virou sinônimo de elegância, sendo degustado em reuniões e festas.

Assim, dependendo do tipo de evento que se pretende realizar, servir um chá pode ser uma ótima pedida — desde que se mantenha coerência entre a qualidade da bebida e das iguarias que a acompanham.

O coquetel

Esta é uma modalidade de evento versátil, que cabe em diversas situações, festivas ou de negócios. Caracteriza-se principalmente pelo serviço volante de média duração (nunca mais do que três horas), com convidados sendo atendidos, na maioria das vezes, de pé. Ou seja, sem estar acomodados em mesas. Este fato não deve, contudo, induzir a equívocos, atribuindo ao serviço uma informalidade imprópria ou indevida. Isto significa que o coquetel deve ter padrões de formalidade e de excelência impecáveis, à altura, por exemplo, de jantares e banquetes. Aliás, é bastante comum que refeições sejam precedidas de coquetéis.

A exemplo dos demais gêneros de eventos e serviços, o coquetel está sujeito a variações de acordo com fatores como as preferências do cliente — previamente acertadas —, o tema do evento (reunião de negócios, festa de aniversário, recepção etc.), o horário e as características dos convidados.

Somente a partir da avaliação de tais condições pode-se elaborar a variação de coquetel mais adequada à ocasião. É um erro curvar-se ao estigma do coquetel como opção limitada a feiras e reuniões de trabalho ou como um mero prefácio ao jantar. Até porque, não raramente, o coquetel acompanha um prato quente. Ao contrário do que se imagina, ele tem luz própria, desde que corretamente elaborado e realizado.

O sucesso de um coquetel exige a escolha correta do sistema de serviço e das variedades de bebidas e comidas. Por exemplo: em alguns casos, pode-se montar um bufê *self-service*, com alimentos quentes e frios, para acompanhar o serviço volante. Uma maneira prática de deixar os convidados à vontade, sem que a essência do coquetel fique comprometida.

Entre outros aspectos, a quantidade e a variedade dos canapés dependem do tempo de serviço (cerca de duas horas, em geral) e da abrangência do evento. Isto é, se será ou não servido almoço ou jantar após o coquetel.

Outro ponto importante a se considerar é o horário. Coquetéis diurnos, mais raros, sugerem uma variedade maior de *soft* drinques. A presença do champanhe e do vinho branco é igualmente bem-vinda. Já em coquetéis vespertinos, ao cair da tarde, devem ser incluídos destilados como vodca e uísque — além de drinques normalmente apreciados em *happy hours*, como o martini seco.

Independentemente dos tipos de drinques, bebidas e comidas escolhidos, vale lembrar que, para o êxito do coquetel, é imprescindível servir apenas itens de qualidade comprovada. Excessos e combinações extravagantes, ainda que sugeridos por clientes, costumam ser desastrosos.

Na organização de um bom coquetel, deve-se oferecer ao cliente várias opções:

• *Canapés quentes e frios, peças inteiras cortadas (cordeiro/rosbife, por exemplo)*

• *Estações (mesas) com determinadas iguarias: caviar, queijo brie com damasco etc.*

• *Mini pâtisserie francesa (opção interessante, porém incompatível caso o coquetel preceda uma refeição)*

• *Petit fours (opção também incompatível caso o coquetel preceda uma refeição)*

A montagem de um bufê para os canapés quentes nem sempre é necessária, embora, dependendo do salão, possa constituir-se em uma opção inteligente para se aproveitar melhor o espaço e tornar o coquetel mais simpático.

Para o serviço de especialidades quentes, recomenda-se usar pratos e talheres de sobremesa e guardanapos de pano. Como a maioria dos pratos quentes é constituída de carne, deve-se ter o cuidado de cortá-la em pequenos pedaços, a fim de facilitar a degustação — afinal, os convidados estão em pé.

As bebidas também são essenciais para a excelência do coquetel. O cliente faz a escolha prévia dos drinques e variedades a serem servidos, conforme suas preferências e a ocasião — sempre com o acompanhamento e a orientação do gerente de banquetes ou de eventos, para que esta seleção fique mais apropriada. Lembre-se: o êxito de um evento começa no contato inicial com o cliente, no qual são definidos as prioridades e os detalhes que desenharão o jantar, a recepção, o chá etc. O coquetel não é exceção.

Uma vez selecionadas as bebidas — que, independentemente do gênero, devem apresentar ótima qualidade —, parte-se para a escolha do sistema de serviço. O mais comum, nos coquetéis, é o volante: bebidas dispostas em bandejas e servidas — sempre apresentando a garrafa. A outra alternativa é a montagem de um ou mais bares dentro do salão, dependendo do número de convidados.

No primeiro caso, as bebidas concentram-se em um bar de serviço; ou montado, caso o evento esteja ocorrendo longe das áreas de serviço. Deste local, os garçons sairão com as variedades a serem servidas durante o evento. As garrafas de bebidas alcoólicas, uma vez vazias, deverão ser devolvidas ao bar de serviço para controle.

Já na segunda opção, com o bar montado dentro do salão, os garçons buscam as bebidas nesse bar e as servem da mesma forma volante. Todavia, tal alternativa permite também que o convidado solicite a bebida de sua preferência ao barman.

No caso de bar montado no salão, recomenda-se cuidado redobrado com a apresentação. Ou seja, o bar deve estar impecavelmente limpo e arrumado. Nada de garrafas vazias, copos usados em cima do balcão ou qualquer outro aspecto que cause má impressão. Assim, é fundamental ter uma boa *mise-en-place* de bebidas, gelo, copos etc.

O sucesso do coquetel ampara-se não apenas na escolha correta da variedade de bebidas e comidas e na utilização de um caprichado bufê, mas também na excelência do serviço. Os garçons devem servir, inicialmente, os canapés frios e, somente então, os quentes. Os doces podem ser servidos ao término do evento ou estar sobre uma mesa de bufê.

Outra recomendação importante: os garçons jamais devem passar bandejas com poucos canapés. Assim que começarem a ficar vazias, deverão ser levadas de volta à cozinha, onde serão, como se diz, reabastecidas ou reformadas (completadas). Só então poderão ser reapresentadas aos convidados. Um local discreto deve ser reservado para o depósito de copos vazios e pratos sujos (se houver). Assim como jantar, banquete ou outro tipo de evento, o coquetel também exige apuro na decoração. Um local desagradável visualmente ou sem capricho decorativo depõe contra o sucesso do coquetel, ainda que as bebidas, as comidas e o serviço estejam ótimos. Portanto, o salão deverá encontrar-se agradavelmente decorado, permitindo que as pessoas se sintam bem à vontade. Uma decoração floral é sempre bem-vinda.

É igualmente interessante que o salão disponha de mesas e cadeiras (ou sofás) de apoio, de maneira que haja a possibilidade de o convidado sentar, se assim desejar. Um conforto — muitas vezes, uma necessidade — que vale ouro, caso o evento se estenda por um bom tempo. Cinzeiros de pé também não devem ser esquecidos.

Opção 1:

musse de roquefort

patê de fígado com geleia de amora

pontas de aspargos

empadinhas de queijo

pastéis de bacalhau

Opção 2:

fatias de peito de peru com ameixa

damasco com brie

cubinhos de rabanete com mango chutney

lâminas de salmão defumado com molho iogurte

folhado quatro queijos

barquete recheada com musse de camarão

Opção 3:

presunto italiano

canapés de tomate com ovo

caviar com torradas

salmão defumado

miniquiche

vol-au-vent de musse de peixe

ameixa com bacon

croquetes de camarão

folhado de funghi

QUANDO

O BAR ENTRA

NO EVENTO

CAPÍTULO 4

Festas e Recepções

Em reuniões e eventos de caráter menos formal, o bar é uma opção interessante, que complementa outra modalidade de serviço. Tradicionalmente, funciona a preço fixo por pessoa durante um período a ser combinado com o cliente que contrata o evento. Em média, o que se estabelece como consumo de bebidas, para efeito de cálculo de preço, é o seguinte:

Bar aberto por 1 hora – 3 drinques por pessoa

Bar aberto por 2 horas – 5 drinques por pessoa

Bar aberto por 3 horas – 6 1/2 drinques por pessoa

Em situações como festas de casamento, por exemplo, o *open bar* (bar aberto) constitui uma alternativa simpática e prática, desde que adequadamente utilizada. Em outras palavras, quero dizer que a adoção do *open bar* ou outro tipo de bar incrementa um evento mas não garante ou permite a dispensa do bufê ou do serviço de banquete, especialmente de médio e grande portes, isto é, com mais de 150 pessoas. O bar, na verdade, é compatível e complementa estas modalidades de serviço.

Há vários tipos de bar. Os mais comumente utilizados em eventos e reuniões de caráter mais informal são:

• open bar *nacional, composto por uma variedade de bebidas nacionais;*

• open bar *importado, composto por bebidas nacionais e*
estrangeiras;

• *tropical, com bebidas como batidas, Caipirinha e drinques de*
estilo tropical.

Estes tipos de bar podem ser montados com modos de funcionamento diferentes, tais como:

• *ao consumo, composto de bebidas previamente escolhidas (ou não) pelo*
cliente e onde só é cobrado o que foi efetivamente consumido;

• *por hora, com um valor prefixado por pessoa para cada hora de*
consumo.

A sintonia entre o bar e o tipo de evento, somada à correta relação com o número de convidados, é fator condicionante para o planejamento adequado de um evento. Por exemplo: seria inaceitável a adoção de um bar tropical em uma convenção. Independentemente do gênero, o bar deve ter um padrão de excelência quanto:

• *à qualidade e à variedade das bebidas (nacionais e importadas) e dos*
drinques;

• *à apresentação visual, incluindo aí também os copos, utensílios,*
mobiliário e prateleiras, que devem estar sempre impecáveis;

• *ao atendimento, feito por profissionais experientes, com conhecimento*
de bebidas.

Bar nacional

Vinho tinto seco, vinho branco

Cerveja

Suco de laranja, suco de tomate

Água mineral com e sem gás

Salgadinhos de bar

Bar internacional

Espumante ou champanhe

Vinho tinto seco, vinho branco, vinho do Porto seco

Campari, uísque, gim, vodca, rum (aperativos)

Cerveja

Suco de laranja, suco de tomate

Água mineral com e sem gás

Salgadinhos de bar

Recepção de sangria

Sangria branca/tinta

Espumantes

Suco de laranja, suco de tomate

Refrigerantes

Água mineral com e sem gás

Salgadinhos de bar, canapés de queijo e presunto

Recepção de champanhe I

Espumante nacional e importado

Suco de laranja, suco de tomate

Água mineral com e sem gás

Salgadinhos de bar

Recepção de champanhe II

Champanhe francês

Suco de laranja

Água mineral com e sem gás

Salgadinhos de bar

BEBIDAS

Julgo importante oferecer aqui alguns subsídios para a escolha e também para o trabalho com bebidas. Entendo que um bar exige uma boa pitada de teoria para acontecer na prática com um mínimo de competência, qualidade e sucesso.

As bebidas dividem-se, basicamente, em dois grupos: não alcoólicas, como café, chás, águas, refrigerantes, sucos etc. e alcoólicas, como uísque, vodca, conhaque etc. Um *open bar* deve reunir no mínimo os itens mais frequentemente consumidos de cada um destes grupos. E, para fazer a seleção, o organizador do evento precisa ter em mente mais algumas informações. Vamos a elas. As bebidas alcoólicas podem ser classificadas em três gêneros:

- *fermentadas, como cerveja e vinho;*
- *destiladas, como uísque, vodca, rum e cachaça;*
- *compostas, como os licores.*

Há ainda os coquetéis, que misturam dois ou mais tipos de bebidas (alcoólicas/não alcoólicas) com itens diversos, que podem variar desde os sucos até frutas, xaropes especiais etc. Nesta modalidade, o bar deve ser operado de modo a oferecer coquetéis tradicionais, como Alexander (composto de licor de cacau, creme de leite e conhaque, essencialmente), Coquetel de Frutas, Margarita, Piña Colada e também batidas.

Antes de ir adiante, é preciso atentar para as seguintes definições:

***Fermentação:** Processo usado na transformação dos açúcares ou sacarificação dos amidos em álcool etílico ou metanol. O agente deste processo é um micro-organismo. Para a fermentação de bebidas, empregam-se os vegetais unicelulares, como as bactérias e leveduras.*

***Destilação:** Processo usado para separar líquidos, a partir dos diferentes pontos de ebulição. Para efetuar a destilação, provoca-se o aquecimento do líquido até atingir a ebulição, condensando-se, em seguida, o vapor obtido. Os primeiros vapores serão sempre os decorrentes dos elementos voláteis (álcool, por exemplo), que se desprendem da massa líquida original. A destilação combina, assim, duas operações inversas — vaporização e condensação — e será tão mais bem-sucedida quanto maior for a diferença do ponto de ebulição dos elementos.*

Bebidas destiladas
Aguardentes

No Brasil, aguardente virou sinônimo de cachaça ou pinga (aguardente de cana). Entende-se por aguardente toda bebida alcoólica obtida da destilação de sucos, cereais e outras substâncias de natureza vegetal e que pode ser qualificada de acordo com o produto do qual é destilada:

- *Vínica: Resultante da destilação exclusiva do vinho. Exemplo: conhaque.*
- *Bagaceira: Resultante da destilação do bagaço da uva. Na França, este gênero recebe o nome de* marc; *na Itália, de* grappa; *em Portugal, de bagaço.*
- *Fruto: Obtida de frutos fermentados, como maçã* (applejack), *cereja* (kirsch), *pera* (poire), *framboesa* (Apfel Vit) *etc.*
- *Cereal: Obtida a partir da destilação de cereais fermentados, como milho, cevada, trigo, centeio, aveia, arroz etc. Exemplos: uísque e gim.*
- *Vegetal: Resultante de batatas, cana-de-açúcar, raízes etc. Exemplos: vodca, cachaça, rum, tequila.*

Um bar completo deve reunir os principais tipos de aguardente. Para a escolha das marcas e tipos, é importante ter noção dos respectivos processos de destilação e procedências.

Confira o que não pode faltar:

Cachaça — Bebida que tem a cara do Brasil, vem se destacando cada vez mais dentro do próprio país e também no exterior. Obtida a partir da fermentação e destilação da cana-de-açúcar, seu uso caracteriza um certo empenho de valorização do produto nacional e tende a representar um charme a mais no bar. Produzida por meio industrial ou artesanal, a pinga, como também é chamada a cachaça, pode variar de tom e sabor em função dos ingredientes e processos utilizados em sua fabricação. As cachaças envelhecidas são habitualmente consumidas puras. As industrializadas são as mais indicadas para a preparação de drinques, como a famosa e brasilei-ríssima Caipirinha.

Uísque — Uma das mais apreciadas e consumidas aguardentes em todo o mundo, o uísque é fabricado desde o século XII, a partir de cereais como cevada, trigo, milho e cevada-maltada. Divide-se, basicamente, em dois grupos: *malt*, fabricado exclusivamente com malte; e *grain*, fabricado com a mistura da cevada maltada e outros cereais.

Quanto à procedência, três países destacam-se na fabricação da bebida: Escócia, Irlanda e Estados Unidos. A Escócia carrega a justa fama de produzir o melhor uísque do mundo, resultado da combinação perfeita entre cereais, água e condições climáticas, além da qualidade da turfa, um tipo de carvão vegetal usado nos alambiques. Os uísques escoceses podem ser divididos em duas famílias principais:

- *envelhecidos 12 anos ou mais*
- *envelhecidos 8 anos*

Os do primeiro grupo (mais velhos, portanto) são mais escuros, macios e agradáveis, como, por exemplo, Chivas Regal, Ballantines, Buchanans, JW Black Label, Dimple, Logan, Old Parr, Pinwinni, entre outros.

Já os do segundo grupo (envelhecidos 8 anos) são um pouco mais claros e têm maior teor alcoólico. Fazem parte deste time JW Red Label, White Horse, J&B, Black&White, Cutty Sark, Teachers, William Lawson, Bells, entre outros.

Há alguns uísques menos conhecidos (mais raros): entre os do tipo *pure malt*, estão o Poit Dhubh (12 anos), Blair Mhor (8 anos), Old Elgin (8 anos) e Pride of Orkey. Há também os chamados *highland* — como Orban (14 anos), Deanston e Dalwhinnie (15 anos) — e os raros — como Mortlach, Cameron Brig, Bowmore (40 anos) e The Macallan (25 anos).

A grande diferença entre o uísque escocês, conhecido como *scotch*, e o irlandês, chamado *irish whisky*, está no método de secagem do malte. Na Escócia, o processo de secagem do malte acontece em fornos de fundo poroso, levando-o a adquirir o aroma da turfa. Já na Irlanda, a secagem do malte é feita em fundos sólidos, o que o faz apresentar aroma e paladar distintos. Old Bushmills, Paddys, Jamessons, Tullamore Dew e Kilbeggan são exemplos do bom *irish whisky*.

Nos Estados Unidos, uísque é sinônimo de *bourbon*. A bebida é produzida a partir de uma combinação diferente de cereais, em relação ao escocês e ao irlandês. O milho responde por cerca de 50% da mistura, fazendo com que o uísque tenha paladar e aroma peculiares. A destilação, em processo de fogo direto (Pot Still), segue quatro operações: maltagem, mistura, fermentação e destilação propriamente dita. Entre os principais uísques americanos encontram-se o Jim Bean, Jack Daniels, Wild Turkey e Makers Mark.

Gim — Outra aguardente famosa e que também não pode faltar no bar de um evento é o gim. A bebida começou a ser fabricada na Holanda, por volta do século XVII, tornando-se conhecida na Europa graças aos soldados ingleses. Resultante da destilação do cruzamento de malte, milho e centeio, previamente fermentados, o gim pode ser agrupado em quatro qualidades ou tipos:

• London dry, *o mais famoso e mais usado em coquetéis, por seu caráter bem seco;*
• Plymouth, *mais forte e um pouco amargo;*
• Old Tom, *que contém de 1% a 6% de açúcar;*
• Slol, *que provém da infusão de ameixas no líquido obtido após a primeira destilação, assemelhando-se a um licor.*

Vodca — Bebida nacional da Rússia, a vodca é uma das aguardentes que mais têm se popularizado no mundo. Nos Estados Unidos, por exemplo, vem tomando o lugar do gim e, em alguns lugares, chega a ameaçar o uísque. Durante muito tempo, a vodca foi destilada clandestinamente, pois os czares (título dado aos imperadores russos), no início da Primeira Guerra Mundial, abortaram a sua produção, reiniciada somente em 1925. Até hoje as vodcas russas são as mais valorizadas. A bebida é obtida a partir da destilação de ervas, cereais, figos e batatas.

Rum — Já o rum deriva de um subproduto, o melaço, resíduo proveniente da fabricação do açúcar. Assim, a aguardente tem origem nos países produtores de açúcar, como Índia, Cuba, África do Sul e Porto Rico.

Com grande diversidade de cor e sabor, o rum é classificado, de acordo com a graduação alcoólica — que varia de 45°C a 80°C —, em três tipos: leve, médio e forte. A bebida produzida na Jamaica, por exemplo, é das mais fortes. Índia e Martinica produzem o rum do tipo médio. E os leves são normalmente provenientes de Cuba, Porto Rico, Barbados, entre outros países. No grupo dos famosos encontram-se o Bacardi, Negresco, Negrita, Jamaica e Cuba.

Por se adaptar perfeitamente à mistura com qualquer tipo de fruta, o rum é muito usado em coquetéis e, principalmente, em ponches e drinques tropicais. Logo, não pode faltar em nenhum bar.

Conhaque — Aguardente proveniente da destilação de vinho branco produzido na região de Charente, na França, o conhaque apresenta quase sempre qualidades aromáticas, derivadas da bebida de origem. O produto imediato da destilação mostra-se incolor, com um tom semelhante ao da vodca. Mas, com a conservação em casco de carvalho, a bebida adquire o tom alourado característico.

De acordo com os anos de envelhecimento, o rótulo da garrafa recebe um código reconhecido mundialmente:

★★★	Três Estrelas	5 a 10 anos
V.O.	Very Old	10 a 15 anos
V.O.P.	Very Old Pale	15 anos, no mínimo
V.S.O.P.	Very Special Old Pale	20 anos, no mínimo
X.O.		30 anos, no mínimo
Extra Old		30 anos, no mínimo
Brás Arme		30 anos, no mínimo
Cordon Bleu		30 anos, no mínimo
Napoleon		30 anos, no mínimo

(A diferença entre os cinco últimos é a marca. Apesar de terem classificação e idades semelhantes, cada um pertence a um fabricante específico.)

Agora, uma dica: a chave para entender a idade e a qualidade de um conhaque é ter sempre em mente que, em função das exigências da lei, o rótulo da bebida indica o mínimo — mas não o máximo — de idade da bebida. Isto significa que um X.O., por exemplo, poderá ter 30, 40 ou 50 anos. Um dos melhores indicadores da qualidade de um conhaque é seu preço. Essa é uma das poucas bebidas que faz valer uma regra nem sempre verdadeira: quanto mais caro o conhaque, maior a qualidade que a bebida apresenta.

Bebidas fermentadas

As bebidas fermentadas resultam da transformação dos açúcares de frutas ou cereais em álcool etílico.

Cerveja — Uma das representantes mais famosas do grupo das bebidas fermentadas, cuja presença obviamente é imprescindível em todo bar que se preza, é a cerveja. As principais marcas da bebida, nacionais e algumas estrangeiras, devem estar disponíveis de maneira a oferecer um leque caprichado de opções no bar. O prazo de validade da cerveja é, em média, de seis meses, contados a partir da data em que a bebida deixa a fábrica. A alternativa de usar o chope deve ser estudada com cautela, analisando-se o custo-benefício de oferecê-lo no bar além da cerveja. O chope não é pasteurizado e, por isso, deve ser consumido até dez dias após a fabricação.

Acredita-se que esta bebida apreciada em todo o mundo, com uma infinidade de variações, tenha nascido no Egito Antigo — claro que numa versão bem diferente da celebrizada pelos alemães. O sabor da cerveja primitiva tendia para o ácido, em virtude do processo arcaico de fabricação, a partir do cozimento e, posteriormente, da fermentação de cereais.

Embora a Alemanha tenha sido a principal responsável pelo desenvolvimento e aperfeiçoamento das técnicas de produção da cerveja, os monges medievais também contribuíram para um salto qualitativo da bebida. Eles aprimoraram métodos de fermentação e abriram pequenas cervejarias, a maioria na região que ficou conhecida como Baviera, considerada o berço da cerveja.

Os alemães pegaram carona na tradição local e, eméritos produtores e consumidores, trataram de sofisticar a fabricação, adotando técnicas de fermentação mais suaves. Hoje, há uma variedade imensa de cervejas, decorrente, entre outros fatores, das diferenças em relação ao cereal — arroz ou milho — e à água utilizados. A confecção desta bebida conta com mais três ingredientes básicos: cevada, da qual se obtém o malte; lúpulo; e levedura de açúcar.

A combinação destes últimos ingredientes e a composição da água determinam o tipo, o sabor, a cor e a qualidade da cerveja. A diversidade de opções é proporcional ao amplo consumo mundial da bebida. Atualmente, cervejas de ótimo nível são fabricadas em vários países, inclusive no Brasil. Destacam-se também as belgas, as mexicanas e as holandesas, por exemplo.

Vinho — Outro fermentado igualmente ilustre e do qual o sucesso do bar e do serviço de banquete ou coquetel, em geral, depende bastante é o vinho. Originária do Egito Antigo, como a cerveja, a bebida foi celebrada por regar banquetes gregos e romanos.

Obtido a partir da fermentação da uva madura, o vinho é produzido com padrões de excelência diversificados em vários cantos do planeta, apesar de a França ostentar — e diga-se de passagem, com grande justiça — a fama de principal produtora mundial.

Portugal, Chile, Estados Unidos (o estado da Califórnia, em especial), Itália, Austrália e Espanha também fazem parte do primeiro time de fabricantes da cultuada bebida. Portanto, é imprescindível que o bar tenha boas opções de vinhos de mais de uma destas procedências, além dos nacionais. Franceses são obrigatórios.

Os vinhos seguem, normalmente, duas máximas: quanto mais velho, melhor; e quanto mais caro, melhor. No entanto, é possível, com atenção e habilidade, encontrar opções com ótimo custo-benefício, ou seja, não necessariamente caríssimas, mas de boa qualidade.

Os vinhos são divididos, basicamente, em quatro tipos:

- *tinto*
- *branco*
- *rosado ou rosé, obtido quase sempre a partir de uvas tintas*
- *de sobremesa*

Dentre estes últimos, os mais nobres são os do tipo porto ou madeira, embora um bar que se preze deva ter à disposição também outros consagrados, como o *sherry*, o *jerez* e o *marsala*.

Há ainda mais dois gêneros de classificação dos vinhos: quanto à classe (espumantes, de mesa, licorosos, compostos e leves) e quanto à qualidade (seco, suave, bruto, doce e meio doce). É interessante que o bar disponha de pelo menos duas opções para cada classe, de acordo com o tipo de evento. Aliás, as opções devem ser cuidadosamente escolhidas, tendo sempre em vista a relação de pelo menos dois critérios: a natureza do evento e o custo-benefício do vinho.

Sempre se deve levar em conta também se o bar estará funcionando junto com o serviço de banquete. Neste caso, a seleção dos vinhos também precisa atender às necessidades do jantar ou do coquetel, conforme o combinado com o cliente. Mas, ainda assim, é fundamental que o bar disponha de uma carta consistente e variada, que garanta o padrão de excelência.

Além da seleção cuidadosa e precisa dos vinhos disponíveis para o evento (bar e/ou serviço de coquetel/banquete), é necessário zelar para que a bebida fique devidamente conservada, a fim de evitar possíveis alterações em suas características originais, isto é, no sabor. O ideal é que os vinhos sejam abrigados em adegas corretamente climatizadas (de 11°C a 15°C) até o consumo. Temperaturas altas ou excessivamente baixas atacam o sabor, o buquê (aroma) e a cor. Outro lembrete: as garrafas devem ficar ligeiramente inclinadas, para que a rolha permaneça úmida e, assim, impeça a oxidação do vinho pela entrada de ar.

O bom espumante ou frisante — não necessariamente o champanhe — é igualmente obrigatório em qualquer bar. Aliás, em qualquer festa. Nunca é demais lembrar que o champanhe verdadeiro é somente aquele produzido na região da França que empresta seu nome à bebida. Outras bebidas com características semelhantes, produzidas em outras localidades da França ou em outros países, são denominadas espumantes ou vinhos frisantes.

Há, basicamente, quatro gêneros de espumante: *brut*, *demi-sec*, *sec* e doce. Diferentemente do que comumente se vê, o champanhe, ou outro espumante qualquer, deve ser servido não propriamente gelado, mas apenas refrescado, a uma temperatura entre 6°C e 8°C.

Entre os champanhes e espumantes mais tradicionais, destacam-se, por exemplo, o Moët Chandon, o Mum e o Veuve Clicquot, todos franceses; o Asti Spumanti, da Itália; o Codorniu e o Freixenet, espanhóis; e o Henkell Trocken, da Alemanha. No Brasil, há o Chandon e o De Gréville.

Bebidas compostas

Outros integrantes obrigatórios de um bar bem-montado são os licores, classificados como bebidas alcoólicas compostas, pois resultam da combinação de álcool, açúcar e aromatizantes. As substâncias aromáticas mais usadas são anis, limão, laranja, abacaxi, hortelã, coentro, café, cacau e chá, embora haja ainda mais uma infinidade delas.

A produção da bebida remonta ao século XV, tendo origem na Itália. O mais antigo licor de que se tem notícia é o Rosoli, aromatizado com pétalas de rosa. Em virtude do grande número de licores existentes, é fundamental discriminá-los em quatro tipos: à base de plantas; de frutas; de produtos desidratados; e de uísque. Abaixo, alguns exemplos:

Plantas......................*Chartreuse, Galinao, Benedictine*

Frutas ....*Cherry Brandy, Maraschino, Cordial Medoc*

Desidratados...............*Grand Marnier, creme de cacau, curaçau*

Uísque ....*Lochan Ora, Drambuie, Irish Mist, Atholl Brose, Columbia Cream, Stags*

Entre os principais licores que, preferencialmente, devem fazer parte de um bar de categoria, encontram-se:

- *Drambuie: Feito a partir da mistura de uísque com mel.*
- *Benedictine: Proveniente da ordem dos monges beneditinos, é composto de casca de limão, tomilho, cardamomo, acácia, cravo-da-índia, hortelã, hissope e outros ingredientes.*
- *Grand Marnier: À base de conhaque e laranjas-do-curaçau.*
- *Cointreau: Elaborado também a partir de laranjas-do-curaçau.*
- *Maraschino: Feito a partir do suco fermentado de cerejas marasquino, mel e xarope de açúcar.*
- *Creme de menta.*
- *Tia Maria: Proveniente da Jamaica, de cor castanho-escura, à base de café, suco de cana-de-açúcar e ervas tropicais.*
- *Strega: Obtido a partir da destilação de 70 ervas aromáticas, como bálsamo, noz-moscada, hissope, absinto e cravo-da-índia. Apresenta variações de cores e graduações alcoólicas distintas: amarelo (43%), verde (55%) e branco (68%).*

Coquetéis

Os coquetéis podem contribuir muito para o sucesso de um evento. Dá para imaginar uma festa tropical sem um daqueles coloridos coquetéis servidos em taças cuidadosamente decoradas? Entre os mais comumente oferecidos, destacam-se seis tipos:

- sours
- juleps e suas variações
- slings e suas variações
- fizzes
- gin fizz
- e collins

O bar deve estar pronto para prepará-los de forma precisa e impecável, primando não só pela qualidade dos ingredientes, como também pela perfeita combinação entre eles e a apresentação da bebida.

Preparados na coqueteleira, os *sours* são secos e levam suco de limão, duas colheres de chá de açúcar e o ingrediente alcoólico que pode ser rum, vodca ou *brandy*. Após ser bem-batida, a bebida é colocada num copo tipo *sour*, decorado com meia rodela de laranja e uma cereja marasquino. Por vezes, pode-se juntar um pouco de soda no *sour*. É um extra que não faz parte da receita clássica, mas dá um sabor especial à bebida.

Os *juleps* são muito apreciados em climas quentes. Os mais conhecidos são o Mint Julep e Champagne Julep. Preparados e servidos em copos do tipo *old fashioned*, os *smashes* são uma espécie de *juleps* mirins. Portanto, também fazem sucesso no verão e em regiões de clima quente.

Os *smashes* levam cinco ou seis folhas de hortelã, um cubo de açúcar e um pouco de água. Esmaga-se tudo em conjunto e, em seguida, acrescenta-se um cálice de *brandy* e uma pedra de gelo. O copo deve, então, ser decorado com um ramo de hortelã, uma rodela de laranja, uma casca de limão e uma cereja. O *brandy* pode ser substituído por uísque, gim, vodca ou rum.

Champagne Julep

Colocar duas folhas de hortelã no copo.
Acrescentar uma colher de chá de açúcar.
Esmagar a hortelã misturada com o açúcar até que este fique bem
dissolvido e adquira o sabor da hortelã.
Encher o copo com gelo moído, meia rodela de laranja,
uma cereja-marasquino e champanhe.

25

RECEITA RÁPIDA

Dizem que os *fizzes* são as composições americanas de maior fama internacional. Alguns especialistas os consideram da família dos *collins* — o que, até certo ponto, não há como negar, pois ambos levam praticamente os mesmos ingredientes.

Servidos em copo médio sem pé (o mesmo usado para bebidas *on the rocks*), sempre com canudo, os *fizzes* são preparados na coqueteleira, assim: bater bem o suco de meio limão, duas colheres de chá de açúcar, um cálice de gim e pedaços de gelo e, em seguida, completar com água gasosa. Podem ser preparados, com a mesma base, usando-se *brandy*, uísque, vodca ou rum. Este tipo de bebida apresenta uma infinidade de variações, embora a receita clássica deva ser, preferencialmente, seguida à risca.

Servidos em copos longos, os *collins* também são indicados para dias quentes. Levam gelo moído, suco de limão, uma colher de chá de açúcar, um ingrediente alcoólico, duas gotas de angostura e um complemento de soda, tudo muito bem-mexido. O copo é enfeitado com uma rodela de limão.

Já os *slings* podem ser consumidos quentes ou frios. Fazem o maior sucesso entre os ingleses. Há, principalmente, duas versões:

Gin Sling

Dissolver uma colher de chá de açúcar em um pouco de água.
Acrescentar uma pedra de gelo.
Acrescentar o suco de meio limão.
Acrescentar um cálice de gim.
Mexer muito bem e completar com água ou soda.

Quando esta composição for preparada com água quente,
colocar noz-moscada por cima.

Singapore Sling

Misturar bem o suco de meio limão com uma colher de chá
de açúcar, gelo picado e duas doses de gim.
Completar com club soda e, por último, no copo,
colocar meia-dose de Cherry Brandy.
Decorar com frutas da estação.

Os slings são servidos em copos do tipo old fashioned,
com uma rodela de limão.

O CONVIDADO NO BAR DO EVENTO

O sucesso do bar depende não apenas das bebidas propriamente ditas — observados sempre padrões de excelência quanto à seleção, conservação e apresentação (copos adequados e bem-decorados) —, mas também da qualidade do serviço e do tratamento dispensado ao convidado.

Antes de mais nada, os atendentes, barmen e garçons devem estar cientes do tipo de público do evento e das preferências particulares dos convidados. É importante que, além da qualidade e da apresentação impecáveis da bebida, a relação com o cliente e o serviço estejam absolutamente adequados às suas expectativas.

Conhecer e satisfazer preferências é uma arte indispensável ao barman competente. É dever de casa destes especialistas saber, por exemplo, que os americanos gostam de bebidas com muito gelo e preferem as composições; que os ingleses têm uma queda para vinhos, uísques e bebidas à base de gim e vodca (com água, soda, tônica ou composições); que os portugueses optam frequentemente por vermutes; que o vinho do Porto, nos últimos tempos, fisgou o coração dos franceses; que os alemães apreciam bebidas após as refeições; que os brasileiros, por sua vez, elegeram a cerveja e a cachaça como suas bebidas preferidas.

Além de estarem atentos a preferências, os responsáveis pelo atendimento — garçons, atendentes e barmen — devem seguir padrões de procedimentos para tratar o cliente da maneira mais cordial, eficiente, correta e agradável, em todas as circunstâncias. É imprescindível, por exemplo, que os barmen ou atendentes sigam estes conselhos:

FESTAS

RECEPÇÕES

92

• *Sempre cumprimente o convidado com um sorriso, à sua chegada e saída.*

• *Quando o convidado puxar um cigarro, atenda-o imediatamente (mas se algum cavalheiro fizer menção de atendê-lo, o barman não deverá interferir).*

• *Tenha sempre à mão uma caneta para emprestar ao convidado.*

• *Caso os clientes estejam em uma mesa próxima ao bar e façam menção de se levantar, dirija-se imediatamente à mesa para, afastando as cadeiras, facilitar-lhes a saída da maneira mais gentil e discreta.*

• *Ao ser interpelado pelo cliente sobre um assunto que desconheça, especialmente em relação ao evento, jamais diga algo do tipo "não sei" ou "não faço ideia", mas, sim, "um instante, por favor, que vou me informar". Certamente alguns dos responsáveis pela supervisão/gerência do evento saberão responder à pergunta do cliente.*

• *Quando o cliente pedir uma bebida que não consta no bar, esteja preparado para sugerir, com precisão técnica e habilidade no trato, uma correspondente à altura.*

• *Apresente-se sempre simpático, solícito e bem-disposto.*

• *Jamais discuta ou argumente com os clientes, tampouco com colegas ou superiores durante o evento.*

• *Tenha sempre reservada uma dose de bom humor para situações difíceis ou constrangedoras.*

• *Mantenha sempre o bar limpo e arrumado.*

• *Não toque nos copos de maneira indevida.*

PARÂMETROS FUNDAMENTAIS

Quanto de bebida planejar?

Muita gente me pergunta como fazer, de maneira precisa, o cálculo da quantidade de bebida para um determinado evento. Esta tarefa é árdua e quase impossível de ser realizada com a tal precisão que todos pretendem. O que se faz, na verdade, com grande frequência, é uma estimativa de consumo. E até mesmo este tipo de conta vai ficando cada vez mais difícil, em função das formas diferenciadas de serviço que surgem no mercado. Um copo de vinho, por exemplo, pode ter os mais variados tamanhos e formas. Não há mais o rigor de o vinho tinto ser servido num único e específico tipo de taça. Pelo contrário: muitas vezes a sofisticação está também aliada à criatividade do serviço, podendo ser o vinho oferecido num copo de design avançado. Portanto, a intenção aqui, com a apresentação dos quadros que vêm a seguir, é dar uma idéia ou referência mínima de como medir o consumo para, então, efetuar a compra das bebidas com pequena margem de erro.

Planejando drinques ... (*)

... para 4 pessoas

Almoço
6 coquetéis, 6 taças de vinho durante o almoço, 4 licores
Coquetéis
8 coquetéis ou 8 taças de vinho nas primeiras duas horas,
6 drinques na hora seguinte

Jantar

8 coquetéis, 8 taças de vinho durante o jantar, 4 licores,
4 drinques uma hora depois do jantar

... para 6 pessoas

Almoço

10 coquetéis, 10 taças de vinho durante o almoço, 6 licores

Coquetéis

12 coquetéis ou 12 taças de vinho nas primeiras duas horas,
9 drinques na hora seguinte

Jantar

12 coquetéis, 12 taças de vinho durante o jantar, 6 licores,
6 drinques uma hora depois do jantar

... para 10 pessoas

Almoço

15 coquetéis, 15 taças de vinho durante o almoço, 10 licores

Coquetéis

20 coquetéis ou 20 taças de vinho nas primeiras duas horas,
15 drinques na hora seguinte

Jantar

20 coquetéis, 20 taças de vinho durante o jantar, 10 licores,
10 drinques uma hora depois do jantar

(*) Valores estimados conforme a média de consumo
em eventos.
Fonte: Mr. Boston Official Bartender's and Party Guide

Quantas garrafas de vinho, em média, são necessárias para um jantar? (**)

Pessoas	4	6	8	10	12	20
Garrafa de 750 ml	2	2+	3+	4	5	8
Garrafa de 1,5 litro	1	1+	2	2	2+	4

(**) Estas medidas foram estabelecidas tomando por base a possibilidade de servir cada pessoa por duas vezes em copos ou taças de aproximadamente 150 ml. O sinal de + indica os casos em que é prudente ter mais uma garrafa de reserva, para não ficar na mão. Os números mencionados não devem ser tomados como regra, visto que, como já falamos, a variedade de copos disponível no mercado é enorme. Além do mais, o consumo pode variar, dependendo da ocasião, estação do ano e tipo de evento.

Fonte: Mr. Boston Official Bartender's and Party Guide

Uma informação a mais: os copos mais frequentemente utilizados em eventos e também em bares aparecem ilustrados ao lado. A despeito da enorme variedade de formas e tamanhos hoje disponível no mercado, alguns copos são tradicionais. Os anos passam e seu uso permanece. Confira:

SERVIÇO SEM

SEGREDO

CAPÍTULO 5

Festas e Recepções

Aqui estão reunidas algumas das principais técnicas do serviço de sala, especialmente úteis para os garçons que trabalham em eventos e também para as pessoas que orientam as atividades desses profissionais durante uma festa ou outro tipo de evento tratado e definido aqui.

Antes de falar das técnicas propriamente ditas, é preciso lembrar que, seja qual for o tipo de evento que se organiza, sem apresentação pessoal adequada da equipe de sala e exigências relacionadas à *performance* técnica, não dá nem para começar a conversar. Seja garçom ou um profissional de cozinha, ninguém escapa da regra: a boa imagem impõe respeito e desperta interesse pelo serviço prestado.

Mais ainda: apresentação pessoal deve ser entendida e assumida num sentido amplo, que compreenda também a capacidade de trabalhar em equipe, interagir com o cliente (convidado) e valorizar a própria atividade profissional.

A equipe de sala — fique bem claro — tem um papel importante num evento, já que é ela que faz a ponte com o cliente ou convidado. São as atitudes dos garçons, seu comportamento discreto, iniciativa, olhar profissional, presteza e eficiência que ajudam a fazer o sucesso de um evento.

Foto da pág anterior: FPG/Keystone

Penso sempre que escrevo aqui para quem já tem alguma experiência com atendimento de eventos. Por esta razão, não vou me deter em muitos dados a respeito da apresentação pessoal, mas nunca é demais lembrar alguns indicativos de preocupação com aparência e imagem, que são reconhecidos de imediato por quem faz uso do serviço. Garçons devem apresentar necessariamente:

• *Cabelos curtos e bem-penteados*

• *Mãos com unhas bem-aparadas*

• *Uniforme de trabalho sempre impecável*

• *Sapatos confortáveis, de cor discreta (preferencialmente pretos) e sola de borracha, antiderrapante*

Só isso é suficiente? A prática e a experiência mostram que não. Para cumprir as exigências dos tempos modernos, ainda há que se lançar mão de princípios básicos de higiene na condução da atividade profissional. O fato é que asseio pessoal, cuidados com a saúde e preocupação com o manejo de alimentos e bebidas, além de contar pontos em favor da apresentação pessoal, são também uma questão de segurança para os clientes.

É importante eliminar hábitos que atrapalham a qualidade do atendimento. Estão neste rol as manias de coçar a cabeça, esfregar o nariz, encostar nos aparadores, mascar chiclete, fumar em serviço, conversar ou discutir com colegas durante o trabalho. Um item perigosíssimo, que traduz logo o nível do evento, é o guardanapo de serviço. Acredite se quiser: ele mesmo. A equipe de garçons deve ser alertada para não colocá-lo debaixo do braço ou nos ombros. Ou, pior ainda: usá-lo sujo.

Com um profissional bem-cuidado e ciente da responsabilidade que tem na segurança da saúde do consumidor ficam significativamente reduzidos os riscos de contaminação do que é servido e de comprometimento da imagem do evento.

Por falar em imagem, é conveniente tratar de informar a equipe de garçons sobre o tipo de evento. O cliente certamente não vai gostar de ver em atividade um garçom alinhado e impecável no quesito limpeza mas completamente alheio ao que se passa no evento, confundindo um jantar de negócios com um batizado.

A equipe de trabalho deve ser reunida antes do início do serviço de sala para ser comunicada sobre o motivo do evento, cardápio escolhido, tempo do serviço, bebidas e ordenação do salão. O local onde o evento acontece precisa ser amplamente conhecido por esses profissionais para que eles possam prestar auxílio aos convidados, indicando, por exemplo, a localização dos toaletes.

Um garçom competente pode juntar a essas informações mais algumas outras. É como ter alguns dados na manga... Não custa nada saber quais pratos serão servidos, como os alimentos são preparados, qual a variedade de acompanhamentos, origem das bebidas etc. Desenvolver um certo talento para descrever um prato, um canapé ou outra iguaria qualquer certamente vai impressionar bem o cliente ou convidado.

Uma dúvida muito comum diz respeito ao número de garçons que se deve requisitar para um evento. Um esclarecimento importante: o tamanho da equipe de profissionais de sala varia de acordo com o porte do evento. Mas existem alguns parâmetros básicos que podem orientar os trabalhos de planejamento de festas ou eventos.

Em um banquete com serviço à russa, por exemplo, no qual os alimentos são dispostos em bandejas e os garçons servem os convidados de acordo com a sequência estipulada pelo chefe de cozinha, o ideal é ter um garçom para cada 15 convidados. Atenção: quando o serviço à russa for a opção escolhida e houver menus muito elaborados, o ideal é ter um garçom para cada 10 pessoas. No serviço de bufê, um garçom atende 20 convidados. E num coquetel a relação é idêntica: um para 20.

Antes de fazer a montagem das mesas e entrar em ação, os profissionais selecionados para atender em um determinado evento, devidamente orientados pelo *maître*, devem checar:

Talheres

A limpeza dos talheres, obviamente, deve ser realizada antes do início do serviço, da seguinte forma: mergulhar os talheres num balde (pode ser o de gelo) com água quente e depois secá-los com um pano limpo. O álcool desinfeta mas não limpa adequadamente facas, garfos, colheres e outros talheres de serviço. Nos eventos, como forma de tornar mais ágil o processo de organização, a limpeza do material deve ser feita por todos os garçons.

Louça

Antes de ser levada à mesa, toda a louça deve ser revisada. A ideia aqui é checar a limpeza, o polimento e o estado de conservação de pratos e travessas. Peças lascadas ou rachadas devem ser inutilizadas e substituídas.

Copos

Todos precisam estar limpos e polidos antes de chegar à mesa. Após serem lavados, preferencialmente na máquina (se possível), o garçom, utilizando água fervente colocada em um balde, deve passar copo a copo pelo vapor e, depois, ir secando um por um com um pano limpo. Como no caso dos talheres, não é conveniente usar álcool para a limpeza dos copos.

Mènage

Deve-se limpar e verificar se todos os galheteiros estão em boas condições de uso. A colocação de grãos de arroz dentro dos saleiros serve para eliminar a umidade, facilitando a saída do sal.

Outros

Itens de rouparia, como toalhas, guardanapos e cobre-manchas, assim como os móveis (mesas, cadeiras e aparadores), também merecem uma olhadinha especial por parte da equipe de sala. Nunca é demais conferir se há alguma peça manchada ou uma mesa que precisa de apoio para não ficar balançando a cada encostada do convidado. Mesas e cadeiras devem estar impecavelmente limpas, inclusive por baixo ou em partes aparentemente longe do alcance do olhar do convidado.

QUANDO A FESTA COMEÇA

Tudo pronto. Todos em seus lugares. Um certo frio na barriga antecede o grande momento. O evento está prestes a começar. A partir de agora, serão descritas algumas regras gerais de serviço. Vamos começar pelo mais complexo, porque a verdade é que quem serve num banquete, normalmente, costuma se sair muito bem em qualquer outro evento de menor porte.

Por esta razão, toda ênfase será dada aqui às normas de operação de um banquete, onde as atividades dos garçons são feitas em conjunto, simultaneamente, obedecendo sempre ao sinal ou ao comando do *maître*. Ele é a pessoa que orientará cada passo da equipe de sala.

Falamos anteriormente que, para um banquete, podem ser adotadas pelo menos seis modalidades diferentes de serviço. Só para lembrar, os tipos de serviço mais frequentemente contratados são: empratado, à francesa, à inglesa, à diplomata, à russa e de bufê. Quando a situação for de um banquete com serviço à russa, os passos deverão ser os seguintes:

- *Servir água;*
- *Servir vinho branco (quando a entrada assim o solicitar);*

- *Servir a entrada;*
- *Manter o serviço de água e vinho;*
- *Limpar os cinzeiros;*
- *Retirar o prato de entrada e os talheres;*
- *Voltar a servir água e vinho tinto ou branco;*
- *Colocar o prato (quente) sobre a mesa;*
- *Servir a refeição (um garçom com a carne ou peixe e outro com a guarnição);*
- *Voltar a servir água e vinho;*
- *Limpar os cinzeiros;*
- *Retirar os pratos e talheres;*
- *Retirar o saleiro e o pimenteiro;*
- *Retirar o prato de pão;*
- *Colocar prato de sobremesa (quando já não vier servida no prato);*
- *Servir a sobremesa;*
- *Servir água;*
- *Retirar os pratos e talheres;*
- *Servir café e petit fours;*
- *Retirar o serviço de café.*

Os muitos anos de experiência com a organização de eventos me credenciam a dar uma dica importante. Um serviço que começa bem tem que terminar melhor ainda. Portanto, vale aqui uma palavrinha a mais sobre limpeza de mesas de jantar. A mesa se limpa com muito cuidado, a fim de evitar a queda de objetos que possam sujar o cliente ou o chão e cujo barulho incomodaria os convidados.

Manda a etiqueta que, em primeiro lugar, sejam retirados os pratos das senhoras, mas só após todos terem terminado de comer. Esta regra só é quebrada quando não for possível esperar que todos finalizem suas respectivas refeições. Neste caso, a um sinal do *maître* os pratos começam a ser retirados, mantendo-se, porém, a ordem: primeiro as senhoras...

Os pratos chegam à cozinha transportados em bandejas. Lá, em local especialmente destinado a esta finalidade, eles são empilhados, as sobras de alimentos colocadas à parte, os garfos dispostos com cuidado sobre as facas. Enfim, tudo organizado de modo a facilitar o trabalho de quem vai lavar todo esse material.

Já os copos permanecem na mesa até o final do evento. E o *maître* deve ficar atento para que não sejam desnecessariamente preenchidos com bebida. No momento certo, eles começam a ser retirados, aos poucos. O ideal é colocá-los na bandeja, um a um, segurando-os pelo pé ou pela base. Nunca devem ser recolhidos pela borda, para não ficarem impregnados pela gordura que naturalmente permanece nas mãos dos garçons.

Ao final do evento e somente quando todos os convidados deixarem a sala, o restante do material (guardanapos, flores, toalhas) pode ser retirado. Esta norma vale para todo tipo de evento. Qualquer atitude em contrário vai causar nos convidados a impressão de que estão sendo mandados embora.

Está bem, está bem... Todos sabemos que o mundo não vive só de banquetes à russa. Por isso, vamos a mais algumas informações interessantes. Nas demais modalidades de serviço, o papel da equipe de sala pode sofrer ligeiras variações, mas certas regras básicas de atendimento devem ser seguidas, tais como:

- *Segurar com firmeza pratos e bandejas;*
- *Apresentar as bandejas ao cliente sempre pela esquerda;*
- *Colocar e retirar pratos sempre pelo lado direito;*
- *Levar, apresentar e retirar todo o material utilizando uma bandeja;*
- *Evitar carregar o material com as mãos;*
- *Servir vinho e demais bebidas pela direita do convidado;*
- *Nunca tocar com as mãos o interior dos copos, taças e pratos;*
- *Não limpar talheres, louças e vidros na frente do cliente;*
- *Nunca tocar com as mãos os guardanapos e os alimentos;*
- *Sempre segurar as facas pelo cabo, as colheres e os garfos pelo meio das peças, os copos pelo pé, as xícaras pela alça, os pratos pela borda e as garrafas pelo seu corpo;*
- *Não encher demasiadamente copos e xícaras;*
- *Servir alimentos e bebidas sem incomodar os clientes;*
- *Trocar os cinzeiros sempre que for necessário;*
- *Manusear o gelo com alicate ou pinça;*
- *Evitar deixar marcas de dedos nas louças e copos;*
- *Trocar qualquer material caído no chão por material limpo. Efetuar a troca antes de retirar o material do chão;*
- *Servir em silêncio, com elegância e discrição.*

A equipe de sala envolvida num evento deve procurar a todo custo evitar acidentes. Garçons não precisam correr. Para carregar pratos e bandejas devem ter toda a atenção voltada para o caminho à sua frente. Além disso, é bom sempre colocar cada tipo de material em seu devido lugar, evitando, assim, misturar facas com copos para não provocar ferimentos. Por falar nisso, em caso de quebra de copos ou pratos, não apanhar os cacos com as mãos.

FECHAMENTO

No final dos trabalhos, o *maître* deverá informar ao responsável pelo evento o número de participantes, para que o contratante, estando de acordo, permita a abertura da fatura. Alguns instantes antes do término, o *maître* consulta a folha de consumo de bebidas. Em situações em que a bebida é solicitada por pacote fixo, será cobrado valor correspondente ao número de participantes indicados no contrato do evento.

No caso dos hotéis, a informação sobre o consumo de bebidas deve ser dada pelo chefe de bar. Muitas vezes, por comodidade e até mesmo em função da disponibilidade de instalações interessantes para um determinado evento, contrata-se o bar do hotel por hora. Isto é, o atendimento de convidados é feito no próprio bar, por um determinado período de tempo. E o início do serviço é contado a partir do momento em que 10% dos participantes do evento estejam presentes no local. Caso o número de participantes exceda o combinado, é preciso contatar o cliente e informá-lo.

Cobrança

A nota fiscal será emitida de acordo com todos os dados constantes na folha de consumo de bar, quando for o caso. Antes de emitir a nota fiscal, apresentar ao organizador ou contratador do evento a fatura prévia para sua apreciação e aprovação. Isto feito, e estando todos os itens de acordo, emitir a nota fiscal. O *maître* deve estar à disposição do cliente desde o início até o final do evento, para apoiá-lo no que for necessário.

Caso especial: Quando o cliente traz suas bebidas

Este é um tipo de situação que deve ser evitada ao máximo. Quando liberada, precisa ser criteriosamente avaliada, respeitando sempre os seguintes pontos:

- *as bebidas deverão chegar acompanhadas de uma nota fiscal*
- *precisam estar lacradas e seladas*
- *devem entrar no almoxarifado e ser requisitadas no dia do evento*
- *ao final do evento, tanto as garrafas cheias quanto as vazias serão devolvidas ao cliente*

A taxa de rolha, como é comumente chamado o valor que se cobra do cliente quando ele traz ou fornece as bebidas para um determinado evento, será fixada de acordo com as políticas de cada estabelecimento. Normalmente, a taxa representa o equivalente a 10% do valor de venda de cada garrafa da bebida (ou bebidas) no estabelecimento que sedia o evento. Por exemplo: um hotel cobra hipoteticamente R$ 100 por uma garrafa de uísque. Logo, mesmo sendo o responsável pelo fornecimento da bebida, o cliente paga R$ 10 por garrafa aberta. O controle, nestes casos, precisa ser rigoroso, para evitar problemas e aborrecimentos.

Há também os casos em que se estabelece um valor fixo para cada bebida. Por exemplo:

- *uísque — R$ 20 por garrafa aberta*
- *champanhe — R$ 15 por garrafa aberta*
- *vinho — R$ 12 por garrafa aberta*

Independentemente do método de acerto formalizado com o cliente, é importante não esquecer de estipular a data-limite para que ele retire suas bebidas (sobras) após o evento.

Algumas regras gerais de serviço

• *Todas as bebidas são servidas pela direita.*

• *Evite o choque de pratos, talheres e copos,*
para não fazer ruídos ou quebrá-los.

• *Qualquer objeto que esteja na mesa e, acidentalmente,*
caia no chão deve ser recolhido depois de ter sido substituído
por outro limpo.

• *Nada de servir comida em excesso no prato de um convidado*
em um evento. É preferível oferecer várias vezes a comida a exagerar
na quantidade logo de início.

• *Servir um prato depois do outro, sem que o cliente tenha que esperar*
muito. Se for o caso, atrase o serviço do primeiro prato, quando souber
que o segundo vai demorar mais do que o previsto.

• *Como regra geral, servir todas as comidas frias em pratos*
frios e as quentes em pratos aquecidos.

• *Nunca colocar objetos de uma mesa em cima de outra.*
Opte sempre por colocar objetos no aparador,
que foi feito para isso.

EM RESUMO...

• *Não empilhar travessas ao trazê-las à mesa, nem alimentos em pratos ou travessas, uns sobre os outros, ao longo do braço. Use bandejas.*

• *Os cristais, louças e talheres, depois de lavados e antes de serem colocados à mesa, devem ser limpos e polidos com um pano próprio.*

• *A louça e demais utensílios que se encontram do lado direito são retirados pelo lado direito. O pratinho de pão, a faca da manteiga e os garfos são retirados pelo lado esquerdo.*

• *Servir com delicadeza, sem ruídos e rapidamente.*

• *Os cinzeiros devem estar sempre limpos.*

• *Manter-se atento ao cliente, sem importuná-lo.*

• *Ter cuidado para não colocar dedos na comida ou bebida.*

• *As garrafas de bebida devem ser abertas perto da mesa, na frente do cliente.*

• *Nunca retirar um prato da mesa sem que todas as pessoas tenham terminado.*

• *É fundamental que um garçom saiba vender, isto é, saiba apresentar bem o que está servindo.*

A ESTRATÉGIA

DO CARDÁPIO

6

CAPÍTULO

Festas e Recepções

Embora cada evento tenha as suas particularidades, há pelo menos algo em comum em todos eles: a excelência do cardápio como um dos diferenciais mais importantes. Por isso, no processo de organização de um evento ou festa, é fundamental adotar três medidas básicas:

- *escolher o menu de maneira precisa, ou seja, de forma adequada ao evento e ao grupo de convidados/participantes;*
- *apresentá-lo de forma atraente;*
- *servi-lo com primor.*

Da escolha do cardápio ao serviço propriamente dito, a cozinha tem papel fundamental. O chefe e o *maître*, sob a supervisão do gerente ou promotor de eventos, respondem pela sintonia entre a confecção dos pratos e a eficiência com que são expostos e servidos. Tal recomendação independe do tipo de evento e do gênero de serviço encomendado.

É interessante, até para fortalecer os mecanismos de venda do evento, que se ofereça ao cliente uma série de opções de cardápio, inclusive menus de gala. Os cardápios não podem ser repetitivos. Variedade e criatividade valem ouro. Muitos clientes gostam de provar o que estão contratando. Neste caso, vale oferecer um almoço-degustação, com um número limitado de participantes, para apreciação e aprovação (ou não!!) do menu escolhido. No Brasil, isto ainda é feito com muita frequência a título de cortesia. Em outros países, o cliente pode provar o que quiser, desde que pague o preço de custo da degustação.

Para cada evento, deve haver três ou quatro opções de menu, do mais simples ao mais sofisticado (com preços diretamente proporcionais, logicamente). Entretanto, seria um deslize considerar que um cardápio mais trivial mereça um cuidado menor de elaboração.

Todos devem reunir, na confecção e na apresentação, toques de originalidade. A despeito de a elaboração e a escolha de cada cardápio estarem associadas ao tipo de evento e ao perfil dos convidados/participantes, há um conjunto de recomendações comuns a serem seguidas em todos os casos, tais como:

- *Evitar repetir ingredientes no mesmo cardápio. Por exemplo: consomê de carne seguido de filé ou salada de cenoura como entrada e torta de cenoura de sobremesa são gafes completas.*
- *Propiciar um bom contraste de cores entre os pratos. Por exemplo: sopa de ervilhas seguida de salada verde é um deslize cromático: muito verde reunido.*
- *Obter contrastes também na textura e no formato dos pratos. Por exemplo: pratos de formato redondo seguidos de pratos alongados; alimentos macios seguidos de crocantes etc.*
- *Adotar a tática do contraste também nas escolhas gastronômicas. Evitar mais uma vez equívocos do gênero salmão defumado seguido de presunto defumado; entrada de peixe grelhado seguida de um grelhado no prato principal.*

• Visualizar como os pratos serão servidos em conjunto, para dispô-los da forma mais atraente.

• Sempre utilizar alimentos da estação.

• Dedicar cuidado triplo à confecção e ao arranjo do prato principal, que é o cartão de visita do cardápio. Deve estar invariavelmente magnífico, para o paladar e os olhos.

• Esbanjar meticulosidade e capricho também na confecção da entrada e da sobremesa, pois a primeira será a impressão mais marcante e a segunda, a mais lembrada.

• Guardadas as devidas proporções e particularidades, manter os menus sintonizados com as tendências gastronômicas do momento, sem abdicar do sabor.

• Não esquecer de conferir marca saudável ao menu e fazer disso até um diferencial qualitativo importante. Além de saborosos e primorosamente apresentados, os pratos devem ter valor nutritivo.

Creme e manteiga em excesso, por exemplo, não são mais tão apreciados hoje em dia, por serem considerados inimigos da saúde.

Os diferentes cardápios devem conjugar, assim, pelo menos quatro atributos básicos:

• bom custo-benefício, ou seja, excelente qualidade sem extravagâncias de custo;

• estética impecável quanto às texturas e cores, isto é, apresentação primorosa; sabor excepcional, da entrada à sobremesa;

• caráter saudável, com balanço de calorias;

• serviço eficiente e irretocável.

O MOMENTO DE PLANEJAR O MENU

A elaboração do menu envolve a análise de uma série de fatores que ultrapassam os limites do universo gastronômico. Em outras palavras: não é tão simples quanto parece. Oferecer opções de cardápio é muito mais do que listar pratos ou ajustar menus já existentes. Um bom cardápio desperta logo a atenção do cliente, o atrai com diferenciais criativos, aguça o desejo pela realização de um evento inesquecível — de um congresso ou reunião até um banquete.

A apresentação do cardápio, no primeiro contato com um cliente, impõe-se como uma espécie de cartão de visita, uma ferramenta de marketing fundamental para a venda e, posteriormente, para o êxito do evento. No momento da montagem de cada menu, recomenda-se levar em conta aspectos como a afinação entre o evento e os pratos, a qualidade de cada item a ser (ou não) incluído, os equipamentos disponíveis para elaborá-lo, os custos envolvidos (de fornecimento, manutenção e elaboração), as combinações e sequências mais indicadas etc.

A ordem clássica de um bom cardápio é a seguinte:

- *entrada*
- *saladas*
- *cremes/sopas/consomê*
- *massas*
- *aves/peixes e mariscos/carnes*
- *legumes e guarnições*
- *queijos*
- *frutas*
- *doces*

COMENDO COM OS OLHOS

Jogar com as cores dos alimentos e dos pratos é um dos recursos mais adotados para criar um impacto visual que aguce a vontade do convidado/participante para degustar o que está sendo servido. Contrastes são bem-vindos, desde que não ultrapassem o limite do bom gosto abusando de tons berrantes e misturas cromáticas exageradas. O apuro estético passa também uma ideia de requinte e capricho, reforçando o diferencial de qualidade do serviço/evento.

Portanto, o gerente de eventos e o chefe de cozinha, principalmente, devem cuidar de cada detalhe na arrumação e na disposição dos pratos, da entrada à sobremesa, certificando-se de que tudo está chegando às mesas ou ao bufê de forma impecável.

Outra maneira de se obter um efeito visual interessante é inovar nos formatos dos próprios itens que compõem cada prato. Um simples arroz, por exemplo, pode virar uma escultura delicada. Seria ingenuidade considerar que caprichos do gênero passariam despercebidos pela maior parte dos convidados/participantes.

Pelo contrário, fazem a diferença entre um serviço "feijão com arroz" e um serviço *top*, de primeira linha; entre um evento apenas correto, ou banal, e um evento inesquecível. Outro equívoco é achar que tal conduta deve-se restringir a celebrações mais glamourosas, a jantares formais ou a banquetes, por exemplo. Deve ser adotada também em reuniões, seminários ou congressos, respeitadas, obviamente, as características específicas de cada evento.

O design do prato fica, em geral, a cargo do chefe de cozinha, que, valendo-se de conhecimento gastronômico e sensibilidade, dispõe os componentes de forma criativa, verdadeiramente iluminada, combinando elementos como balanceamento nutricional, cor, textura e formato de cada componente, associação de sabores etc. A elaboração do menu é uma arte. E um grande trunfo na preparação de eventos.

AFINAÇÃO ENTRE MENUS E SERVIÇO

O serviço deve estar invariavelmente à altura de um menu confeccionado. Ou seja, é igualmente importante que fatores como os tipos de talher e de *mise-en-place* correspondam precisamente ao que é oferecido. Caso contrário, o sabor e a criatividade do cardápio acabam tendo um efeito mais tímido, esbarrando em barbeiragens do serviço. Costumo dizer sempre que um serviço perfeito jamais servirá como desculpa para uma comida de má qualidade. Da mesma forma um péssimo serviço será capaz de destruir por completo os efeitos do mais perfeito menu.

Mais uma vez, a diferença mora nos detalhes. No caso de um jantar à russa, por exemplo, uma ornamentação exagerada ou um lapso na apresentação dos pratos pelo garçom poria tudo a perder. O mesmo aconteceria se, num serviço à americana, os convidados se deparassem, por exemplo, com talheres opacos, manchados.

Vale observar sempre que não são necessários deslizes crassos no serviço para comprometer um menu bem-pensado e superelaborado. Pequenas falhas são o bastante. Se houver, por exemplo, morosidade na reposição dos pratos num bufê, a qualidade ficará afetada, mesmo que a mesa seja composta de iguarias irresistíveis.

A participação e a supervisão do *maître* são, neste ponto, essenciais para manter a eficiência do atendimento de sala durante todo o evento. Não apenas em relação aos pratos, mas também zelando pela apresentação e pelo serviço das bebidas.

A VEZ DAS BEBIDAS

Em eventos, as bebidas costumam ser contratadas previamente, junto com o menu. E os vinhos, frequentemente, ocupam lugar de destaque na lista de bebidas. O primeiro cuidado que devemos ter para a compra de vinhos é a escolha do estabelecimento, supermercado, loja especializada ou importadora que vai fornecer a bebida, verificando cuidadosamente os métodos de armazenagem dos produtos.

As garrafas devem ser estocadas em locais afastados da luz natural e, se possível, com o mínimo de luz elétrica. Esses locais serão tanto melhores quanto mais bem-ventilados forem, isentos de vibração e com temperatura moderada.

O vinho deve ser comprado, preferencialmente, em caixas. Além de ser bem mais econômica e facilitar o transporte das garrafas, a embalagem fechada garante um produto pouco exposto à luz e, portanto, mais protegido, com chances bem mais reduzidas de apresentar algum comprometimento de qualidade.

É sempre recomendável a leitura atenta do rótulo dos vinhos, para certificar-se de que correspondem àqueles encomendados. Cuidado para que não sejam adquiridos vinhos que, apesar de terem sido de ótimas safras, estejam em declínio. Quero dizer o seguinte: não se devem comprar vinhos que tenham mais de cinco anos de idade, a não ser que sejam de marcas tradicionais ou safras de destaque.

Dicas para leitura de rótulos

O rótulo deverá mencionar as seguintes informações:
- *Nome do fabricante, produtor e engarrafador;*
- *Endereço do local de produção;*
- *Nome, marca, classe, tipo e natureza do produto;*
- *Número de registro do produto no Ministério da Agricultura;*
- *Conteúdo líquido;*
- *Graduação alcoólica do produto.*

No rótulo do vinho é proibida a indicação de origem geográfica que não corresponda à verdadeira procedência das uvas e dos vinhos.

O vinho, quando escolhido para acompanhar iguarias do cardápio de festa, deve chegar à mesa na temperatura ideal, nem quente, nem gelado demais, sempre combinado ao prato que vai ser servido. O vinho branco e seco é indicado para acompanhar canapés. Peixes também pedem vinho branco, leve e seco, servido resfriado, entre 6°C e 8°C .

Os rosés, mais apreciados quando resfriados, entre 8°C e 10°C, são ideais para acompanhar aves, embora o galeto grelhado abra espaço para o vinho branco encorpado ou o rosado seco. Já os assados levam o acompanhamento de vinho tinto.

Aos champanhes e outros espumantes, a liberdade: podem acompanhar todos os itens do menu, da entrada à sobremesa. No entanto, é recomendável respeitar suas especificidades: o *brut* é mais indicado para moluscos, crustáceos e aves; o meio-seco (*demi-sec*), para queijos e frutas; e o *sec*, para sobremesas, que também podem ter a companhia do vinho licoroso.

Sem a pretensão de parecer especialista ou vestir a roupa de um *sommelier*, vou acrescentar aqui mais alguns dados sobre vinhos. Nos últimos tempos, a bebida se popularizou. Despertou o interesse de curiosos e ganhou muitos apreciadores. Por esta razão, acredito que vale a pena seguir um pouco mais no tema. Para poder atender bem o cliente que promove um jantar festivo, um coquetel de negócios ou coisa semelhante, é preciso estar antenado com tendências e técnicas que envolvem a bebida.

Ao abrir uma garrafa de vinho, por exemplo, é preciso lançar mão de segredos e técnicas especiais, além de usar os instrumentos certos que facilitem esta operação.

Primeiramente, deve-se tirar a cápsula ou lacre que envolve a rolha e limpar bem o gargalo, antes de usar o saca-rolhas. Não o insira até o fim da rolha, para que não caiam fragmentos no interior da garrafa. Após abrir, limpe o gargalo, novamente, com um guardanapo. Aí, então, a bebida pode ser servida.

Garrafas passaram por muitas mudanças

Dos recipientes de cerâmica até as atuais garrafas de vidro, a embalagem do vinho mudou muito. A invenção da garrafa com rolha data do século XVII. E a rolha é usada até hoje, pois impede o contato do ar externo com o vinho, evitando a oxidação.

No rastro da invenção da rolha, surgiu também o saca-rolhas, hoje disponível no mercado em diversos formatos: desde o mais simples, de rosca e cabo, até os modelos mais sofisticados. Há alguns que tiram a rolha com o simples rosquear da lâmina. Um modelo, contudo, é chamado na Inglaterra de "amigo do garçom", por trazer uma alavanca que auxilia na hora de tirar a rolha.

Depois de colocada, uma rolha pode durar de 25 a 50 anos. Nas boas adegas, a tradição é trocar as rolhas dos vinhos mais velhos a cada 25 anos. Quando fica muito difícil tirá-la, como nos vinhos do Porto bem velhos, a única saída é cortar o gargalo da garrafa. Este é um procedimento que não recomendo para novatos e deve ser executado a partir de normas rígidas.

E se a rolha se quebrar ...

Às vezes, na hora de abrir a garrafa, a rolha se quebra e um pedaço cai no vinho. Se este tipo de incidente ocorrer no bar do evento, o barman deve retirar a rolha com o auxílio de ferramentas apropriadas e a bebida é servida a seguir. Caso aconteça na frente do convidado, é conveniente trocar a garrafa por uma outra que ainda esteja fechada.

Temperatura

A temperatura é um dos fatores que mais influem no sabor do vinho. Os brancos são servidos refrescados, mas não gelados, e os tintos devem ser levemente resfriados, entre 15°C e 18°C. Entretanto, cada tipo de vinho tem sua temperatura ideal, específica e própria, quando alcança o máximo em sabor e buquê.

Embora a temperatura do vinho a ser degustado dependa muito do gosto individual e varie conforme a preferência de cada pessoa, há um parâmetro básico que pode orientar o processo de resfriamento da bebida e promover sua melhor apreciação. É importante lembrar sempre o quanto a temperatura ambiente pode variar de região para região.

Tipos	Temperatura (°C)
Brancos suaves	4 a 6
Champanhes	6 a 8
Brancos secos	6 a 8
Rosados	8 a 10
Clarete (Beaujolais)	10 a 12
Tinto leve	12 a 18
Tinto encorpado	16 a 20

Sempre que diversos vinhos venham a ser degustados em uma mesma ocasião, é conveniente seguir a ordem abaixo:

- *vinho seco antes do suave ou doce;*
- *vinho branco seco antes do tinto;*
- *vinho tinto antes do branco doce;*
- *vinho gelado antes do refrescado;*
- *vinho leve antes do encorpado;*
- *vinho jovem antes do velho;*
- *vinho inferior antes do superior.*

Para escolher os copos

Para apreciar um bom vinho, recomendo que sejam usados copos de vidro fino ou de cristal transparente, de forma que permitam a visão plena da bebida e não alterem o seu gosto. Copos ligeiramente mais fechados na parte de cima concentram melhor o aroma; copos com haste longa evitam que o calor da mão altere a temperatura da bebida; taças de formato alto e estreito, conhecidas como flûte, são indicadas para o champanhe e ajudam a reter mais as bolhas de gás da bebida.

É importante notar que a indicação de um copo ou taça para determinada bebida vai muito além da moda ou do *status* que se quer dar a um evento. A manutenção de características como cor, aroma e sabor de um vinho deve vir em primeiro lugar.

Durante o serviço, é preciso estar atento para não encher os copos mais do que 2/3 do total de sua capacidade, de forma que não se perca o buquê do vinho. Para calcular a quantidade de bebida que vai ser gasta, o ideal é considerar como média de consumo mínimo 1/2 garrafa por pessoa durante uma refeição.

Em eventos ditos pequenos, com um total de participantes entre 20 e 30 pessoas, é possível adotar a forma de serviço que habitualmente se vê, por exemplo, em restaurantes:

- *De preferência, deve-se abrir o vinho pouco antes de servi-lo, para que a bebida "descanse".*
- *Vinhos brancos devem ser trazidos em um balde de gelo.*
- *Vinhos tintos novos devem ser carregados na mão.*
- *Vinhos tintos mais antigos devem ser carregados em uma cesta (não sacudir durante o transporte para que as partículas depositadas no fundo da garrafa não se misturem ao vinho).*
- *Havendo uma mudança de vinhos (marcas ou tipos), trocar as taças.*

Em eventos de maior porte, com 80 convidados ou mais, os vinhos brancos devem ser colocados para resfriar com alguma antecedência (cerca de duas horas antes do início do evento), calculando sempre o consumo médio de garrafa da bebida por pessoa. Caso os organizadores sintam necessidade, durante o evento mais garrafas podem ser colocadas para gelar. O ideal é fazer isto de forma gradativa, sem exageros, para que ao final do evento não haja sobra excessiva de vinho resfriado. Para tornar o serviço dos garçons mais eficiente, é interessante ter no início do evento algumas garrafas já abertas. Assim, não há qualquer comprometimento no ritmo ou na oferta de bebida aos convidados. Esta medida vale para vinhos brancos e tintos. Mas, cuidado! Nada de abrir garrafas além da conta. Muita gente exagera na medida e acaba no prejuízo, com mais garrafas abertas do que o necessário.

Champanhe, um capítulo à parte

Espumantes e frisantes viraram uma espécie de febre de época. Modismos à parte, a verdade é que bebidas assim são de todos os tempos. Difícil encontrar um evento que não as tenha. Antes de mais nada e, principalmente, antes de incluir bebidas deste gênero em algum evento, um esclarecimento importante: é um equívoco julgar que todos os champanhes são iguais. Como já falamos anteriormente, esta denominação só cabe à bebida produzida na região de Champagne, originária de três variedades principais de uvas: *pinot noir*, *pinot meunier* e *chardonnay*. Os demais espumantes, de qualidade elevada, procedências nobres, como a Itália, por exemplo, e igualmente saborosos, são chamados de outra maneira: espumantes.

Os tipos de champanhe distinguem-se:

- *pela composição;*
- *pela coloração — a maioria dos champanhes tradicionais apresenta uma coloração pálida, amarelo-dourada;*
- *pela safra — os vinhos que entram na mistura dos champanhes da safra são todos produzidos com uvas do mesmo ano. Os melhores vinhos e anos de safras de qualidade excepcional podem ser selecionados para a produção de "champanhes especiais";*
- *pela dosagem — a quantidade de açúcar adicionado determina o tipo do champanhe:* extra brut, brut, extra dry, sec, demi-sec, doux.

Diferentemente dos vinhos nobres e de qualidade, o champanhe não vai melhorar ou ter seu sabor apurado na adega de quem o adquirir. Mantida deitada, longe da luz e das correntes de ar, afastada de fontes de calor e trepidações, a bebida preserva suas qualidades em adegas frescas, com temperatura constante, entre 10°C e 12°C . Somente nessas condições o champanhe pode ser conservado intacto por alguns anos, sem qualquer alteração de sabor (seja para melhor ou pior).

A refrigeração para consumo deve ser feita com cautela; a bebida deve ser colocada na parte inferior da geladeira e jamais no freezer, pois o frio excessivo pode causar o estouro da garrafa.

Algumas informações adicionais: a tonalidade da maioria dos champanhes oscila entre o incolor e o amarelo-âmbar e pode escurecer um pouco com o tempo. Um bom *brut* deve ter uma intensidade de cor agradável, meio pastel. No champanhe rosé, o tom pode variar entre o amarelo e o vermelho-rubi.

A espuma da bebida pode ser um indicativo de sua idade. Se as borbulhas ocuparem durante um certo tempo a totalidade do copo quando o champanhe ou espumante for servido, isto é indício de pouca idade, de juventude. A bebida mais velha apresenta espuma bem mais discreta.

COMO ABRIR A GARRAFA DE CHAMPANHE

- Retirar a garrafa de dentro do balde e enxugá-la rapidamente com um guardanapo.
- Inclinar ligeiramente a garrafa, retirar o envoltório da gaiola e distorcê-lo, tomando o cuidado de verificar se a rolha não está prestes a saltar. Retirar a gaiola.
- Segurar o corpo da garrafa com uma das mãos e a rolha com a outra. Manter o polegar sobre a rolha e os outros dedos em torno da extremidade do gargalo.
- Girar a rolha para que esta se desprenda sem ruído, ou seja, para que o gás saia suavemente.
- Enxugar o gargalo com um guardanapo limpo.
- Para degustar, como no caso do vinho, servir um fundo de taça de champanhe e assegurar-se de que a bebida não apresenta defeitos e está adequadamente refrescada. Encher as taças no máximo até 2/3 da sua capacidade, sem pressa, de acordo com o tamanho do copo e o volume da espuma.

MARCAS FAMOSAS DE CHAMPANHE

Dom Perignon, Moet & Chandon, Laurent Perrier
Lanson, Pol Roger, Charles Heidseck, Taittinger
Bollinger, Pommery, Mumm Cordon Rouge, Veuve Clicquot
Krug, Piper Heidseck, Bouzy Rouge, Louis Roederer
Mercier, Perrier Jouet, Ruinart, Monopole

CERIMONIAL

7

CAPÍTULO

Festas e Recepções

Soa quase impossível falar em organização de eventos sem tocar no tema cerimonial. O mundo moderno prima pela informalidade na maior parte do tempo, mas algumas normas de recepção, especialmente na esfera governamental e de negócios, precisam ser consideradas e conhecidas por quem planeja e promove eventos. Terceirizado ou desempenhado por profissional da empresa promotora do evento, tal serviço deve ser executado com rigor e absoluta correção.

É importante saber aplicar as regras de cerimonial, gerais e específicas, para imprimir marca de êxito no evento e garantir que tudo saia como programado. Casamentos, batizados, bodas, recepções formais, coquetéis, banquetes etc., cada qual tem normas próprias a serem seguidas, relacionadas aos deveres e posturas gerais de convidados e anfitriões. É imprescindível, independentemente do tipo de evento e de suas características específicas, que o responsável pelo cerimonial pense cada detalhe com precisão e antecedência. Este trabalho não dispensa o acompanhamento do gerente de banquetes ou de promoção.

Para casamentos, um tipo de evento que me garantiu experiências bastante variadas, costumo recomendar o cumprimento de práticas de cerimonial que já são conhecidas da maioria das pessoas. Por exemplo: a escolha do tipo de cerimônia cabe preferencialmente aos noivos. No caso de um casamento em que se opte pelo desfile de pais e padrinhos pela nave da igreja ou templo, a noiva, habitualmente, entra conduzida pelo pai. Na ausência dele, um irmão ou tio pode fazer o mesmo papel. A mãe da noiva entra com o pai do noivo. E o noivo, por sua vez, de braços dados com a própria mãe. Pela ordem, entram o noivo e seu par, a mãe da noiva e seu par e, por último, a noiva, grande estrela da festa, com seu par, é lógico!

Atrasos de até 30 minutos por parte da noiva podem ser tolerados. Mais do que isso é falta de cortesia para com os convidados. Padrinhos devem ser escolhidos sem excessos. Nada de formar dúzias de pares para testemunhar o ritual. Muita gente embolada no altar, junto aos noivos, gera confusão. Se for inevitável a presença de mais de quatro pares de padrinhos para cada um dos cônjuges (mais que 16 pessoas no total!), o interessante é já acomodá-los em seus lugares assim que chegarem ao local do casamento, para evitar desfiles prolongados. Terminada a cerimônia, os noivos deixam o altar primeiro, seguidos dos pais e padrinhos. Para os cumprimentos, ficam perfilados os noivos e seus pais.

Não posso deixar de lembrar que, em casamentos realizados em salões ou até mesmo em casa ou ainda ao ar livre, as normas de cerimonial podem ser um pouco mais flexíveis, para tornar tudo mais aconchegante. Como neste livro nossa linha de trabalho considera, na maior parte do tempo, eventos mais elaborados, vamos dar o mesmo tipo de tratamento às tais normas de cerimonial.

Nos jantares e banquetes de cerimônia, por ocasião de uma determinada comemoração ou celebração, é interessante optar por mesas redondas, quando o número de convidados for superior a 18 pessoas. Além do tom simpático, esta alternativa tende a ajudar na tarefa de distribuir convidados e sociabilizá-los rapidamente. Tarefa que, com o uso de mesas retangulares, fica muito dificultada em função do distanciamento que este tipo de móvel acaba impondo aos convidados.

PARA ENTENDER MAIS SOBRE PRECEDÊNCIA

O sucesso de jantares e cerimônias formais exige também absoluto cuidado e tato com a disposição das pessoas, especialmente altas personalidades ou pessoas que ocupam cargos importantes. Antes de mais nada, é recomendável não convidar um número exagerado de personalidades para um mesmo jantar, a fim de evitar complicações de precedência, nem sempre contornáveis a contento.

Ainda que o tom de festa possa criar um clima de que "tudo é permitido", não se deve abrir mão das regras básicas de precedência nas cerimônias formais. O ideal é levar sempre em conta fatores como posição social, situação profissional, condecorações.

É igualmente importante equilibrar a disposição dos convidados considerando também afinidades interpessoais, como, por exemplo, idioma comum e posições religiosas afins. No caso de banquetes com presença de chefes de Estado e diplomatas, é necessário consultar e obedecer às normas de precedência do protocolo do Itamaraty, segundo o Decreto 70.274/72, soberano no assunto. Suas orientações principais serão esclarecidas mais adiante.

Para grandes jantares sem a presença de chefes de Estado, recomenda-se adotar mesas de oito a dez lugares — com serviço à russa ou bufê —, dispondo os convidados conforme a precedência e o bom-senso. Aconselho que, na medida do possível e sem abdicar das regras de precedência, homens e mulheres se intercalem numa mesma mesa.

Embora em eventos informais a precedência seja normalmente conferida aos que são recebidos pela primeira vez (desde que o grupo de convidados seja homogêneo quanto à idade e ao *status* social), tal conduta não deve ser seguida em eventos formais. Neste caso, os rigores de precedência são tão relevantes para o bom andamento da cerimônia quanto a excelência do serviço e do menu, por exemplo.

Numa situação em que coquetel, almoço ou jantar não são oficiais — ou seja, não há necessidade de cumprimento de protocolo —, a anfitriã é sempre a primeira a tomar lugar à mesa, seja o evento formal ou semiformal. À sua direita fica o convidado de honra (homem).

Já a convidada de honra senta-se à direita do anfitrião. Como aqui não se trata de evento oficial, costuma-se destinar o lugar de honra ao convidado mais idoso ou àquele que gozar de *status* diferenciado, como, por exemplo, um artista.

O lugar de honra também pode ser destinado a alguém que se deseja homenagear (de qualquer área) ou a um hóspede/estrangeiro de passagem pelo nosso país. Do lado esquerdo da anfitriã toma lugar o comensal que, à exceção do convidado de honra, gozar de posição social distinta e mais idade. Padres, bispos e outros religiosos terão sempre primazia sobre os demais convidados, à exceção de chefes de Estado em jantar oficial, pois, neste caso, vale lembrar, deve-se obedecer ao protocolo.

Para um príncipe, cardeal ou chefe de Estado, o anfitrião cede, obrigatoriamente, o seu lugar. A partir da distribuição dos primeiros lugares, segundo as regras básicas de precedência, devem-se organizar os convidados de acordo com dois aspectos fundamentais:

- *alternância entre homens e mulheres;*
- *afinidades entre os convidados (incluindo o idioma, grau de amizade e a idade, naturalmente).*

A arte de conciliar tais aspectos pode ser o ponto alto de um evento ou o diferencial que vai torná-lo memorável.

O TOM OFICIAL DA HISTÓRIA

As normas do cerimonial público e a ordem geral de precedência, dispostas no Decreto 70.274, de 9 de março de 1972, devem ser seguidas sempre que forem realizados eventos e solenidades oficiais. A obediência a tais determinações não é exagero, mas, sim, uma das condições essenciais para que o evento aconteça com êxito.

A seguir serão apresentadas algumas das principais normas, ou pelo menos aquelas que mais frequentemente são colocadas em prática. Todavia, é recomendável buscar informações no decreto no momento em que se for organizar uma cerimônia oficial. A consulta ao normativo pode ser feita pela

Internet, no site **www.presidenciadarepublica.gov.br**, seção Decretos.

O presidente da República sempre preside a cerimônia à qual comparece. Os antigos chefes de Estado serão nomeados em cerimônia oficial logo após o presidente do Supremo Tribunal Federal, desde que não exerçam qualquer função pública. Neste caso, a precedência será determinada pela função que estiverem exercendo. Se o presidente da República não estiver presente, a cerimônia será regulada ou dirigida pelo vice-presidente. E os ex-vice-presidentes passarão ou serão citados logo após os antigos chefes de Estado.

Os ministros presidem as solenidades promovidas em seus respectivos ministérios. A precedência entre eles segue critério histórico de criação, na seguinte ordem, segundo o decreto: Justiça, Marinha, Exército, Relações Exteriores, Fazenda, Transportes, Agricultura, Educação, Cultura, Previdência Social, Aeronáutica, Saúde, Minas e Energia, Planejamento, Interior e Comunicações. A precedência entre diferentes postos e cargos de integrantes dos ministérios corresponderá à mesma ordem histórica de criação dessas instituições.

Se personalidades estrangeiras estiverem presentes, o ministro das Relações Exteriores tem precedência sobre os demais colegas embaixadores ou chanceleres.

Nos Estados e no Distrito Federal, o governador sempre presidirá as solenidades às quais comparecer, excetuando-se as dos poderes Legislativo e Judiciário e as de caráter exclusivamente militar. Estas serão regidas pelo cerimonial dessas casas, que é bastante específico.

Nos municípios, as solenidades municipais são presididas pelo prefeito. Nos estados, governador, vice-governador, presidente da Assembleia Legislativa e presidente do Tribunal de Justiça têm, nesta ordem, precedência sobre as autoridades federais.

Entretanto, tal regra não vale para os presidentes do Congresso Nacional, da Câmara dos Deputados e do Supremo Tribunal Federal, ministros, chefes dos gabinetes Militar e Civil da Presidência da República, chefe do Estado-Maior das Forças Armadas nem para o consultor-geral da República. Estes são nomeados ou convidados a compor a mesa logo após o governador.

Entre governadores, cumpre-se, a exemplo do caso dos ministros, critério histórico para estabelecer quem vem antes de quem: Bahia, Rio de Janeiro, Maranhão, Pará, Pernambuco, São Paulo, Minas Gerais, Goiás, Mato Grosso, Rio Grande do Sul, Ceará, Paraíba, Espírito Santo, Piauí, Rio Grande do Norte, Santa Catarina, Alagoas, Sergipe, Amazonas, Paraná, Acre, Distrito Federal, Amapá, Rondônia, Roraima, Mato Grosso do Sul e Tocantins.

Já a precedência entre membros do Congresso Nacional e entre integrantes das Assembleias Legislativas obedece à ordem de criação das respectivas unidades federativas. Numa mesma Unidade, são seguidos os critérios de data da diplomação e idade de seus membros. Em cerimônias de caráter federal, categorias iguais cumprem a seguinte ordem de precedência: estrangeiros; autoridades e funcionários da União; e autoridades e funcionários estaduais e municipais.

HINO E BANDEIRA

Muita gente tem dúvida a respeito de como agir em relação ao uso do hino e da bandeira do Brasil em cerimônias oficiais. De acordo com o Decreto 70.274/72 a execução do hino nacional só terá início depois que o presidente da República tiver ocupado o lugar que lhe estiver reservado, salvo as cerimônias sujeitas a regulamentos especiais, como as competições esportivas, por exemplo, em que o hino toca quando os atletas sobem no pódio, seguindo a ordem de classificação a partir do terceiro lugar até o campeão (primeiro colocado).

Caso seja necessário executar um hino estrangeiro em uma cerimônia oficial, isto deve ser feito antes do hino nacional, em virtude do princípio de cortesia para com os visitantes.

A bandeira nacional é um dos principais símbolos da Nação e, conforme previsto no decreto, pode ser usada em todas as manifestações de sentimento patriótico, de caráter oficial e particular. Ao contrário do que se imagina, pode ser hasteada e arriada a qualquer hora do dia ou da noite. Em cerimônias noturnas, a bandeira aparece iluminada. Quando várias bandeiras são hasteadas ou arriadas simultaneamente, a bandeira nacional é a primeira a atingir o topo de seu respectivo mastro e a última a descer. Em todas as apresentações no território nacional, é praxe a bandeira ocupar lugar de honra. Quando conduzida em formaturas ou desfiles, vem sempre destacada à frente de outras bandeiras. Quando colocada em púlpitos, mesas de reunião ou de trabalho, tem que ser posicionada à direita de quem olha de uma plateia em direção ao palco ou palanque.

PARA COLOCAR UM PONTO-FINAL NA HISTÓRIA

Curiosamente, é em meio a estes dados formais que encerro o livro, ou melhor, esta conversa que procurei entabular aqui, quase na forma de um guia. Festas e recepções, posso garantir, ficam tanto melhores quanto mais vezes podemos realizá-las. Isto é fato inquestionável.

Depois de passar muitos anos exercendo cargos profissionais na área de hotelaria, percebo que a experiência que surge ao longo do caminho gera uma certa tranquilidade e também a segurança necessária para conduzir adequadamente a tarefa de reunir pessoas e servi-las bem. Mas o frio na barriga que antecipa o início de um evento é permanente. Isto comprova aquela velha lição que diz que um evento nunca é igual a outro. A grande arte de realizá-los com sucesso é encarar cada um deles como uma novidade e um desafio.

Mais do que ensinar ou orientar a respeito de como fazer e planejar, anseio ter conseguido transmitir, por meio das páginas deste livro, o grau de compromisso, responsabilidade e alegria que precisam estar necessariamente envolvidos em promoções festivas e de negócios.

ÍNDICE DOS BOXES

1. Fórmula .... *pág. 16*
2. Em resumo... .... *pág. 16/17*
3. Carta-proposta .... *pág. 18*
4. Exemplo de carta de agradecimento .... *pág. 19/20*
5. Reservas provisórias .... *pág. 20*
6. Ficha de reserva .... *pág. 21*
7. As muitas vantagens das fichas técnicas .... *pág. 28/29*
8. Em dia com a segurança .... *pág. 33*
9. Sugestões de cardápios para coffee breaks .... *pág. 40*
10. Sugestões de cardápios para almoço de negócios .... *pág. 41*
11. Dicas estruturais .... *pág. 42/43*
12. Mesa com organização quadrangular .... *pág. 43*
13. Montagem em círculo .... *pág. 43*
14. Mesa com organização em U .... *pág. 44*
15. Montagem em auditório ou teatro .... *pág. 44*
16. Sugestões .... *pág. 46*
17. Mesa completa .... *pág. 49*
18. Mais cardápios .... *pág. 56/57/58*
19. Sugestão de cardápio para chá .... *pág. 62*
20. Breve história do chá .... *pág. 63/64*
21. Sugestão de cardápios para coquetel .... *pág. 69*
22. Algumas sugestões de open bar e recepções .... *pág. 74/75*
23. Fermentação x Destilação .... *pág. 76*
24. Histórias sobre a origem da cerveja .... *pág. 83*
25. Receita rápida .... *pág. 89*
26. Receita rápida .... *pág. 90*
27. Quantidades de garrafas de vinho .... *pág. 95*
28. Em resumo .... *pág. 109/110*
29. Leitura de rótulos de vinho .... *pág. 121*
30. História das garrafas .... *pág. 123*
31. Temperaturas .... *pág. 124*
32. A melhor forma de servir .... *pág. 126*
33. Como abrir a garrafa de champanhe .... *pág. 129*
34. Marcas famosas de champanhe .... *pág. 129*

BRASIL. Leis, Decretos. Decreto n° 70.274, de 9 de março de 1972 **Diário Oficial da República Federativa do Brasil**, Brasília, p. 205, 10, mar., 1972. Seção I. Aprova normas do cerimonial público e a ordem geral de precedência.

CHATAIGNIER, Gilda. **Festas que dão baile**. Rio de Janeiro : Rocco, 1998.

COOPER, Rene (Ed.); MORRIS, Chris, (Ed.). **Mr. Boston official Bartender's and party guide**. New York : Warner Books, 1994.

HOYLE, Leonard H.; DORF, David C.; JONES, Thomas J. **Managing conventions and group business**. Washington : American Hotel and Motel Association, 1989.

JACKSON, Michael. **Guia internacional do bar**. São Paulo : Abril, 1980.

KOTSCHEVAR, Lendal H.; TANKS, Mary L. **Managing bar and beverage operations.**Washington : American Hotel and Motel Association, 1991.

NINEMEIER, Jack D. **Planning and control for food and beverage operations.** Washington : American Hotel and Motel Association, 1986.

REY, Anthony M.; WIELAND, Ferdinand. **Managing service in food and beverage operations.** Washington : American Hotel and Motel Association, 1985.

SENAC. DN. **Garçom** : perfil profissional, técnicas de trabalho e mercado / Silvia Vieira; Francisco Tommy Freund; Áurea Pessoa. Rio de Janeiro : Ed.Senac Nacional, 2001. 79 p. Il. Fotos. ISBN 8574580724.

SHAW, Margaret. **Convention sales**. Washington : American Hotel and Motel Association, 1990.